全国干部学习培训教材

QUANGUO GANBU XUEXI PEIXUN JIAOCAI

建设社会主义法治国家

全国干部培训教材编审指导委员会组织编写

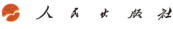

人民出版社

党建读物出版社

序　言

　　善于学习，就是善于进步。党的历史经验和现实发展都告诉我们，没有全党大学习，没有干部大培训，就没有事业大发展。面对当今世界百年未有之大变局，面对进行伟大斗争、伟大工程、伟大事业、伟大梦想的波澜壮阔实践，我们党要团结带领全国各族人民抓住和用好我国发展重要战略机遇期，坚持和发展中国特色社会主义，统筹推进"五位一体"总体布局、协调推进"四个全面"战略布局，推进国家治理体系和治理能力现代化，促进人的全面发展和社会全面进步，防范和应对各种风险挑战，实现"两个一百年"奋斗目标、实现中华民族伟大复兴的中国梦，就必须更加崇尚学习、积极改造学习、持续深化学习，不断增强党的政治领导力、思想引领力、群众组织力、社会号召力，不断增强干部队伍适应新时代党和国家事业发展要求的能力。

我们党依靠学习创造了历史，更要依靠学习走向未来。要加快推进马克思主义学习型政党、学习大国建设，坚持把学习贯彻新时代中国特色社会主义思想作为重中之重，坚持理论同实际相结合，悟原理、求真理、明事理，不断增强"四个意识"、坚持"四个自信"、做到"两个维护"，教育引导广大党员、干部按照忠诚干净担当的要求提高自己，努力培养斗争精神、增强斗争本领，使思想、能力、行动跟上党中央要求、跟上时代前进步伐、跟上事业发展需要。

抓好全党大学习、干部大培训，要有好教材。这批教材阐释了新时代中国特色社会主义思想的重大意义、科学体系、精神实质、实践要求，各级各类干部教育培训要注重用好这批教材。

2019 年 2 月 27 日

目 录

绪 论 建设社会主义现代化法治强国 ……………… 1

第一节 中国特色社会主义法治道路的
探索 ……………………………… 2

第二节 建设社会主义法治国家的历史性
成就 ……………………………… 14

第三节 推进全面依法治国、建设法治
强国的新征程 …………………… 27

第一章 全面依法治国的总目标 …………………… 41

第一节 全面依法治国总目标的科学内涵
及其意义 ………………………… 41

第二节 建设中国特色社会主义法治体系 ……… 45

第三节 新时代建设社会主义法治国家的
基本任务 ………………………… 52

第二章　加强宪法实施和监督　维护宪法
　　　　权威 ……………………………………… 59

　　第一节　宪法是国家的根本法 ………………… 59

　　第二节　我国宪法的制定和修改 ……………… 68

　　第三节　加强宪法实施与监督 ………………… 80

第三章　完善法律体系　推进良法善治 ………… 91

　　第一节　中国特色社会主义法律体系的
　　　　　　形成与完善 ………………………… 91

　　第二节　推进立法体制改革 ………………… 101

　　第三节　深入推进科学立法、民主立法、
　　　　　　依法立法 ………………………… 108

　　第四节　加强重点领域立法 ………………… 114

第四章　深化行政改革　建设法治政府 ……… 122

　　第一节　法治政府建设历程与方向 ………… 122

　　第二节　法治政府建设的衡量标准 ………… 129

　　第三节　在深化行政改革中加快建设法治
　　　　　　政府 ……………………………… 143

第五章　深化司法改革　提高司法公信力 …… 153

　　第一节　完善司法机构职能体系 …………… 153

第二节　以司法责任制改革为核心的重大
　　　　基础性改革 ……………………… 157

第三节　加强人权司法保障 ………………… 162

第四节　诉讼制度改革 ……………………… 164

第五节　规范执法司法行为 ………………… 171

第六节　完善便民利民机制 ………………… 175

第六章　创新社会治理　建设法治社会 ……… 181

第一节　推动全社会树立法治意识 ………… 181

第二节　创新社会治理的法治方式 ………… 190

第三节　提高社会治理法治化水平 ………… 198

第七章　加强人才培养　建设高素质法治
　　　　队伍 …………………………………… 207

第一节　建设专门的法治队伍 ……………… 207

第二节　提高领导干部运用法治思维与
　　　　法治方式的能力 …………………… 215

第三节　加强和改进法学教育 ……………… 221

第八章　加强党的领导　开启新时代法治

中国建设新征程 ……………………… 230

第一节　党的领导是社会主义法治的根本

要求 …………………………………… 230

第二节　依法执政是党治国理政的基本

方式 …………………………………… 237

第三节　必须坚定不移地贯彻依法执政 ……… 241

第四节　法治中国建设中坚持党的领导的

具体方式 ……………………………… 245

阅读书目 …………………………………………… 258

后　记 ……………………………………………… 260

绪　论
建设社会主义现代化法治强国

　　法律是治国之重器，法治是国家治理体系和治理能力的重要依托。习近平总书记指出："一个国家选择什么样的治理体系，是由这个国家的历史传承、文化传统、经济社会发展水平决定的，是由这个国家的人民决定的。我国今天的国家治理体系，是在我国历史传承、文化传统、经济社会发展的基础上长期发展、渐进改进、内生性演化的结果。"

　　全面推进依法治国，是解决党和国家事业发展面临的一系列重大问题、解放和增强社会活力、促进社会公平正义、维护社会和谐稳定、确保党和国家长治久安的根本要求。要推动我国经济社会持续健康发展，不断开拓中国特色社会主义事业更加广阔的发展前景，就必须全面推进社会主义法治国家建设，从法治上为解决这些问题提供制度化方案。

第一节 中国特色社会主义法治道路的探索

新中国社会主义法治是中国共产党领导人民彻底摧毁国民党反动政权和旧法统，建设人民当家作主的新国家，把马克思主义关于国家与法的理论和中国的现实国情与政治实践结合起来，汲取中华法治文明的优秀历史文化养分，学习借鉴人类法治文明的有益实践经验，逐步创立和发展起来的。

一、新中国社会主义法治创立和经验教训

中国是一个具有五千多年文明史的古国，中华法系源远流长。中华民族在漫长的历史发展中创造了悠久灿烂的中华文明，为人类作出了卓越贡献，成为世界上伟大的民族。我们的先人们早就开始探索如何驾驭人类自身这个重大课题，春秋战国时期就有了自成体系的成文法典，汉唐时期形成了比较完备的法典，并为以后历代封建王朝所传承和发展。中国古代法制蕴含着十分丰富的智慧和资源，中华法系在世界几大法系中独树一帜，深刻影响了亚洲诸国，古老的中国为人类法治文明作出了重要贡献。

然而，1840 年鸦片战争后，中国逐渐沦为半殖民地半封建社会，中华法系的古老文明逐渐走向衰落。为了改变国家和民族的苦难命运，一些仁人志士试图将近代西方国家的法治模式移植到中国，以实现变法图强的梦想。但由于各种历史原因，他们的努力最终都归于失败。

1921 年，在中华民族内忧外患、社会危机空前深重的背景下，

马克思列宁主义同中国工人运动相结合，诞生了中国共产党。从此，中华民族的命运发生了天翻地覆的改变。我们党在近百年波澜壮阔的历史进程中，作出了伟大历史贡献：一是团结带领人民进行28年浴血奋战，完成新民主主义革命，建立了中华人民共和国，实现了中国从几千年封建专制政治向人民民主的伟大飞跃；二是团结带领人民完成社会主义革命，推进了社会主义建设，实现了中华民族由近代不断衰落到根本扭转命运、持续走向繁荣富强的伟大飞跃；三是团结带领人民进行改革开放新的伟大革命，开辟了中国特色社会主义道路，形成了中国特色社会主义理论体系，确立了中国特色社会主义制度，发展了中国特色社会主义文化，使中国大踏步赶上时代，实现了中国人民从站起来、富起来到强起来的伟大飞跃，迎来了实现中华民族伟大复兴的光明前景。

实现中华民族伟大复兴是近代以来中华民族最伟大的梦想。中国共产党登上中国历史舞台后，就把实现共产主义作为党的最高理想和最终目标，义无反顾肩负起实现中华民族伟大复兴的历史使命，在团结带领人民进行艰苦卓绝斗争的伟大实践中，高度重视宪法和法制建设，经过长期探索和不断实践，逐步创立了中国社会主义法治体系，走上了中国特色社会主义法治道路。

1949年2月，中共中央发布了《关于废除国民党〈六法全书〉和确定解放区司法原则的指示》，宣布："在无产阶级领导的以工农联盟为主体的人民民主专政的政权下，国民党的《六法全书》应该废除，人民的司法工作不能再以国民党的《六法全书》作依据，而应该以人民的新的法律作依据"。这个重要指示，为彻底废除国民党政权的伪法统、《六法全书》及其立法、执法、司法制度，确立中华人民共和国新生政权的合法性，创立新中国社会主义法治，扫清了障碍，奠定了基础。

1949 年 10 月 1 日中华人民共和国的成立，开启了中华民族站起来和新中国法治的新纪元。1949 年制定的具有临时宪法性质和作用的《中国人民政治协商会议共同纲领》，宣告了中华人民共和国的成立，标志着中国人民从此站起来了，人民成为新国家、新社会的主人。共同纲领和新中国颁布的其他一系列法律、法令，对巩固新生的共和国政权，维护社会秩序和恢复国民经济，起到了重要作用。1954 年一届全国人大一次会议通过的《中华人民共和国宪法》（也称"五四宪法"），确认了中国共产党领导人民夺取新民主主义革命胜利、中国人民掌握国家权力的历史变革；总结了新中国社会主义改造与社会主义建设的经验，规定了国家的国体和政体、公民的基本权利和义务，规定了国家在过渡时期的总任务和建设社会主义的道路、目标，是中华民族从此站起来的最高政治法律标志，是中国历史上第一部真正意义上的"人民的宪法"。从这部"五四宪法"开始初步构建的新中国法治，为巩固社会主义政权和进行社会主义建设发挥了重要保障和推动作用。

20 世纪 50 年代后期以后，特别是"文化大革命"十年内乱，社会主义法制遭到严重破坏：全国人大及其常委会的活动一度被停止；全国各地踢开党委、政府闹革命，合法的政权机关被革命委员会代替；公检法机关被砸烂，公民权利遭到严重侵害，个人生命自由和财产得不到法制保障，宪法和法制遭到严重破坏和践踏。

习近平总书记从总结我国社会主义法治建设经验教训的角度深刻指出："全面推进依法治国，是深刻总结我国社会主义法治建设成功经验和深刻教训作出的重大抉择。我们党对依法治国问题的认识经历了一个不断深化的过程。新中国成立初期，我们党在废除旧法统的同时，积极运用新民主主义革命时期根据地法制建设的成功经验，抓紧建设社会主义法治，初步奠定了社会主义法治的基础。后来，党在指导思想上发生'左'的错误，逐渐对法制不那么重视了，特别是'文化大革命'十年内乱使法制遭到严重破坏，付出了沉重代价，教训十分惨痛！"

二、新时期中国特色社会主义法治道路的探索

1978 年召开的党的十一届三中全会，标志着中华民族伟大复兴进入了改革开放和社会主义现代化建设的新时期。新时期形成中国特色社会主义法治道路，首要的任务是要通过改革，处理好法治和人治的关系，解决好法治和人治的问题。习近平总书记指出：法治和人治问题是人类政治文明史上的一个基本问题，也是各国在实现现代化过程中必须面对和解决的一个重大问题。综观世界近现代史，凡是顺利实现现代化的国家，没有一个不是较好解决了法治和人治问题的。相反，一些国家虽然也一度实现快速发展，但并没有顺利迈进现代化的门槛，而是陷入这样或那样的"陷阱"，出现经济社会发展停滞甚至倒退的局面。后一种情况很大程度上与法治不彰有关。2018 年 3 月 10 日，习近平总书记参加十三届全国人大一次会议重庆代表团审议时再次强调指出，我们要"坚持法治、反对人治"。

在新时期领导人民探索和开辟中国特色社会主义道路的伟大实践中，我们党总结我国社会主义法治建设的成功经验和深刻教训，特别是吸取"文化大革命"的惨痛教训，作出把国家工作中心转移到社会主义现代化建设上来的重大决策，实行改革开放政

策，明确了一定要靠法制治理国家的原则，提出为了保障人民民主，必须加强社会主义法制，使民主制度化、法律化，使这种制度和法律具有稳定性、连续性和极大的权威，做到有法可依，有法必依，执法必严，违法必究；强调制度问题更带有根本性、全局性、稳定性和长期性；要靠法制，搞法制靠得住些；一手抓建设，一手抓法制；加强法制重要的是进行教育，根本问题是教育人；等等。这些重大决策和重要法治思想，引领了改革开放新时期中国特色社会主义法治道路的形成，推动中国法治建设进入了一个新的发展阶段。

改革开放以来，我们党一贯高度重视法治。1978 年 12 月，邓小平同志指出："应该集中力量制定刑法、民法、诉讼法和其他

1982 年 12 月 4 日，五届全国人大五次会议通过了全面反映新时期党和人民共同意志的新宪法 （新华社发）

各种必要的法律，例如工厂法、人民公社法、森林法、草原法、环境保护法、劳动法、外国人投资法等等，经过一定的民主程序讨论通过，并且加强检察机关和司法机关，做到有法可依，有法必依，执法必严，违法必究。"我国现行宪法是 1982 年五届全国人大五次会议审议通过的，以国家根本法的形式，确立了一系列制度、原则和规则，制定了一系列大政方针，反映了我国各族人民共同意志和根本利益。由此，我们翻开了新时期开辟和形成中国特色社会主义法治道路的新篇章。

20 世纪 90 年代，我国开始全面推进社会主义市场经济建设，进一步强化了中国特色社会主义法治的经济基础，同时也对法治的制度完善和理论发展提出了更高的要求，对在"法治经济"基础上形成中国特色社会主义法治道路产生了巨大的推动力。1997 年党的十五大提出依法治国，建设社会主义法治国家，强调依法治国是党领导人民治理国家的基本方略，是发展社会主义市场经济的客观需要，是社会文明进步的重要标志，是国家长治久安的重要保障；提出到 2010 年形成有中国特色社会主义法律体系的重大任务，肯定党和国家"尊重和保障人权"的原则，在党的最高政治文件上实现从"社会主义法制"向"社会主义法治"的转变。1999 年全国人大通过宪法修正案，将"中华人民共和国实行依法治国，建设社会主义法治国家"载入宪法，标志着中国特色社会主义法治道路初步形成。

进入 21 世纪，我们党领导人民沿着中国特色社会主义法治道路继续向前推进。2002 年党的十六大提出，发展社会主义民主政治，最根本的是要把坚持党的领导、人民当家作主和依法治国有机统一起来，并将社会主义民主更加完善，社会主义法制更加完备，依法治国基本方略得到全面落实，作为全面建设小康社会的重要目标。坚持党的领导、人民当家作主、依法治国三者有机统一是中国特色社会主义民主政治的本质特征，是我国法治建设的本质属性和内在要求，是形成中国特色社会主义法治道路的重要标志。2007年党的十七大提出，依法治国是社会主义民主政治的基本要求，强调要全面落实依法治国基本方略，加快建设社会主义法治国家，并对加强社会主义法治建设作出全面部署，推进了沿着中国特色社会主义法治道路实行依法治国的伟大实践。

在改革开放新时期，我们党领导人民积极探索和形成中国特色社会主义法治道路，取得了中国特色社会主义法律体系已经形成，依法治国体制改革扎实推进，法治政府建设稳步推进，司法体制不断完善，全社会法治观念明显增强等历史性成就，为在新时代的历史新起点上拓展中国特色社会主义法治道路，建设中国特色社会主义法治体系，建设社会主义法治国家，奠定了深厚坚实的实践和理论基础。

三、新时代中国特色社会主义法治道路的拓展

中国特色社会主义进入新时代，意味着近代以来久经磨难的中华民族迎来了从站起来、富起来到强起来的伟大飞跃，迎来了实现中华民族伟大复兴的光明前景；意味着科学社会主义在21世纪的中国焕发出强大生机活力，在世界上高高举起了中国特色社会主义伟大旗帜；意味着中国特色社会主义道路、理论、制度、文化不断发展，拓展了发展中国家走向现代化的途径，给世界上那些既希望加快发展又希望保持自身独立性的国家和民族提供了全新选择，为

解决人类问题贡献了中国智慧和中国方案。我们党坚持以习近平新时代中国特色社会主义思想为指导，领导人民推进全面依法治国，加快建设法治中国，从中国特色社会主义法治实践和法治理论两大方面，与时俱进地深化和拓展了中国特色社会主义法治道路。

（一）新时代拓展中国特色社会主义法治道路的重大实践

党的十八大以来，中国取得了改革开放和社会主义现代化建设的历史性成就。民主法治建设迈出重大步伐，推进全面依法治国，党的领导、人民当家作主、依法治国有机统一的制度建设全面加强，科学立法、严格执法、公正司法、全民守法深入推进，法治国家、法治政府、法治社会建设相互促进，中国特色社会主义法治体系日益完善，全社会法治观念明显增强。国家监察体制改革试点取得实效，行政体制改革、司法体制改革、权力运行制约和监督体系建设有效实施。

2012 年，党的十八大围绕全面推进依法治国，加快建设社会主义法治国家的战略目标，确认法治是治国理政的基本方式，强调要更加注重发挥法治在国家治理和社会管理中的重要作用；明确提出"科学立法、严格执法、公正司法、全民守法"的法治建设"新十六字方针"；明确提出到 2020 年法治建设的阶段性目标任务，即依法治国基本方略全面落实、法治政府基本建成、司法公信力不断提高、人权得到切实尊重和保障；明确提出要"提高领导干部运用法治思维和法治方式深化改革、推动发展、化解矛盾、维护稳定能力"；重申"任何组织或者个人都不得有超越宪法和法律的特权，绝不允许以言代法、以权压法、徇私枉法"。

2013 年，党的十八届三中全会作出《中共中央关于全面深化改革若干重大问题的决定》，提出要"紧紧围绕坚持党的领导、人民当家作主、依法治国有机统一深化政治体制改革，加快推进社会主义民主政治制度化、规范化、程序化，建设社会主义法治国家"，将"推进法治中国建设"作为全面依法治国和全面深化改革的重要任务，首次提出"建设法治中国，必须坚持依法治国、依法执政、依法行政共同推进，坚持法治国家、法治政府、法治社会一体建设"。

中共中央关于全面推进依法治国若干重大问题的决定

2014 年，党的十八届四中全会专题研究全面依法治国重大问题并作出《中共中央关于全面推进依法治国若干重大问题的决定》，提出了全面推进依法治国的指导思想、基本原则、总目标、总抓手和基本任务、法治工作的基本格局，阐释了中国特色社会主义法治道路的核心要义，回答了党的领导与依法治国的关系等重大问题，制定了法治中国建设的路线图，按下了全面依法治国的"快进键"。我们党专门作出依法治国的决定，在中国法治史上具有里程碑意义。

2015 年，党的十八届五中全会明确提出"创新、协调、绿色、开放、共享"的新发展理念，强调法治是发展的可靠保障，必须加快建设法治经济和法治社会，把经济社会发展纳入法治轨道，明确了到 2020 年全面建成小康社会时的法治中国建设的阶段性目标，为实现全面依法治国的总目标奠定了坚实基础。

2016 年，党的十八届六中全会专题研究全面从严治党问题，凸显了思想建党和制度治党的主题，体现了依规治党与依法治国的结合，通过完善"四个全面"战略布局进一步深化了全面依法治国的战略地位和重要作用，进一步强化了全面从严治党对推进全面依法治国、建设法治中国的政治保障作用。

2017 年，党的十九大作出了中国特色社会主义进入新时代、中国社会主要矛盾已经转化等重大战略判断，将习近平新时代中国特色社会主义思想确立为党的指导思想，明确提出了新时代坚持和发展中国特色社会主义的基本方略，深刻回答了新时代坚持和发展中国特色社会主义的一系列重大理论和实践问题，作出了实现社会主义现代化和中华民族伟大复兴"两个阶段"的重大战略安排，绘就了高举中国特色社会主义伟大旗帜、决胜全面建成小康社会、夺取新时代中国特色社会主义伟大胜利的新蓝图，开启了迈向社会主义现代化强国的新征程。中国特色社会主义现代化建设进入新时代的重大战略判断，不仅确立了中国社会主义现代化建设和改革发展新的历史方位，而且进一步确立了推进全面依法治国、建设法治中国新的历史方位，不仅为法治中国建设提供了理论指引，而且对深化依法治国实践提出了一系列新任务新要求，指明了推进全面依法治国的战略发展方向，开启了新时代拓展中国特色社会主义法治道路的新征程。

2018 年 1 月，党的十九届二中全会审议通过了《中共中央关于修改宪法部分内容的建议》，强调为更好发挥宪法在新时代坚持和发展中国特色社会主义中的重要作用，需要对宪法作出适当修改，把党和人民在实践中取得的重大理论创新、实践创新、制度创新成果上升为宪法规定。党中央用一次全会专门讨论宪法修改问题，充分表明党中央对新时代首次宪法修改的高度重视。

2018 年 2 月，十九届中央政治局就我国宪法和推进全面依法治国举行第四次集体学习，习近平总书记在主持学习时强调，决胜全面建成小康社会、开启全面建设社会主义现代化国家新征程、实现中华民族伟大复兴的中国梦，推进国家治理体系和治理能力现代化、提高党长期执政能力，必须更加注重发挥宪法的重要作用。要坚持党的领导、人民当家作主、依法治国有机统一，加强宪法实施和监督，把国家各项事业和各项工作全面纳入依法治国、依宪治国的轨道，把实施宪法提高到新的水平。

2018 年 3 月，十三届全国人大一次会议高票通过了宪法修正案，实现了现行宪法的又一次与时俱进。这次宪法修改确立了习近平新时代中国特色社会主义思想在国家政治和社会生活中的指导地位，调整充实了中国特色社会主义事业总体布局和第二个百年奋斗目标的内容，完善了依法治国和宪法实施举措，充实了坚持和加强中国共产党全面领导的内容，调整了国家主席任职方面的规定，增加了有关监察委员会的各项规定。这次宪法修改是党中央从新时代坚持和发展中国特色社会主义全局和战略高度作出的重大决策，是推进全面依法治国、推进国家治理体系和治理能力现代化的重大举措，是党领导人民建设社会主义现代化强国的必然要求，对于进一步坚持以习近平同志为核心的党中央集中统一领导，具有十分重大的现实意义和深远的历史意义。

2018 年 8 月 24 日，习近平总书记主持召开中央全面依法治国委员会第一次会议并发表重要讲话。他强调，全面依法治国具有基础性、保障性作用，在统筹推进伟大斗争、伟大工程、伟大事业、伟大梦想，全面建设社会主义现代化国家的新征程上，要加强党对全面依法治国的集中统一领导，坚持以全面依法治国新理念新思想新战略为指导，坚定不移走中国特色社会主义法治道路，更好发挥法治固根本、稳预期、利长远的保障作用。

（二）新时代拓展中国特色社会主义法治道路的指导思想

以习近平同志为核心的党中央，领导人民不断探索和拓展中国特色社会主义法治道路的实践进程中，大力加强中国特色社会主义法治道路的理论建设，以习近平新时代中国特色社会主义思想引领和促进中国特色社会主义法治道路的不断拓展。

习近平总书记高度重视中国特色社会主义法治道路、法治理论问题，深刻指出中国特色社会主义法治道路，本质上是中国特色社会主义道路① 在法治领域的具体体现。坚持党的领导，坚持中国特色社会主义制度，贯彻中国特色社会主义法治理论，这三个方面实质上是中国特色社会主义法治道路的核心要义，规定和确保了中国特色社会主义法治体系的制度属性和前进方向。党的领导是中国特色社会主义最本质的特征，是社会主义法治最根本的保证。中国特色社会主义制度是中国特色社会主义法治体系的根本制度基础，是全面推进依法治国的根本制度保障。中国特色社会主义法治理论是中国特色社会主义法治体系的理论指导和学理支撑，是全面推进依法治国的行动指南，三者统一于全面推进依法治国的伟大实践之中。

中国特色社会主义法治道路，是社会主义法治建设成就和经验的集中体现，是建设社会主义法治国家的唯一正确道路。在走什么

---

① 党的十八大报告指出：中国特色社会主义道路，就是在中国共产党领导下，立足基本国情，以经济建设为中心，坚持四项基本原则，坚持改革开放，解放和发展社会生产力，建设社会主义市场经济、社会主义民主政治、社会主义先进文化、社会主义和谐社会、社会主义生态文明，促进人的全面发展，逐步实现全体人民共同富裕，建设富强民主文明和谐的社会主义现代化国家。

样的法治道路问题上，必须向全社会释放正确而明确的信号，指明全面推进依法治国的正确方向，统一全党全国各族人民认识和行动。全面推进依法治国，必须走对路。如果路走错了，南辕北辙了，那再提什么要求和举措也都没有意义了。党的十八届四中全会《决定》有一条贯穿全篇的红线，这就是坚持和拓展中国特色社会主义法治道路。中国特色社会主义法治道路是一个管总的东西。具体讲，我国法治建设的成就，大大小小可以列举出十几条、几十条，但归结起来就是开辟了中国特色社会主义法治道路这一条。

坚持中国特色社会主义法治道路，最根本的是坚持中国共产党的领导。依法治国是我们党提出来的，把依法治国上升为党领导人民治理国家的基本方略也是我们党提出来的，而且党一直带领人民在实践中推进依法治国。全面推进依法治国，要有利于加强和改善党的领导，有利于巩固党的执政地位、完成党的执政使命，决不是要削弱党的领导。在坚持和拓展中国特色社会主义法治道路这个根本问题上，我们要树立自信、保持定力。走中国特色社会主义法治道路是一个重大课题，有许多东西需要深入探索，但基本的东西必须长期坚持。

第二节　建设社会主义法治国家的历史性成就

党的十九大作出中国特色社会主义进入新时代的重大战略判断，确立了我国社会主义现代化建设和改革发展新的历史方位，进一步确立了全面推进依法治国、建设法治中国新的战略高度，开启了新时代中国特色社会主义法治建设新征程。

一、全面依法治国提到战略新高度

党的十九大从历史与逻辑两大维度，把建设社会主义法治国家提到了新的战略高度：一是历史维度。党的十八大以来的五年，我们党领导人民推进全面依法治国，中国特色社会主义民主法治建设迈出重大步伐，取得显著成就。全面依法治国是"四个全面"战略布局的重要组成部分，未来要坚定不移推进全面依法治国，加快建设社会主义法治国家，到 2035 年达成"人民平等参与、平等发展权利得到充分保障，法治国家、法治政府、法治社会基本建成，各方面制度更加完善，国家治理体系和治理能力现代化基本实现"的战略目标。二是逻辑维度。建设社会主义现代化强国，必须坚持全面依法治国，建设中国特色社会主义法治体系、建设社会主义法治国家，必须把党的领导贯彻落实到依法治国全过程和各方面，坚定不移走中国特色社会主义法治道路，发展中国特色社会主义法治理论，坚持依法治国、依法执政、依法行政共同推进，坚持法治国家、法治政府、法治社会一体建设，坚持依法治国和以德治国相结合，依法治国和依规治党有机统一，深化新时代的依法治国实践。党的十九大的这些新目标和新要求，进一步强化了全面依法治国在坚持和发展中国特色社会主义实践进程中的战略地位和重要作用，提升了新时代全面依法治国的战略高度。

全面依法治国是完善和发展中国特色社会主义制度、推进国家治理体系和治理能力现代化的重大战略问题。我们要站在党和国家事业发展与人民整体利益的战略高度和全局角度，深刻认识和准确把握全面依法治国的战略定位。如何治好国理好政、实现"两个一百年"奋斗目标，这是我们党执政兴国必须面对和解决的重大时代课题。习近平总书记明确指出，必须坚持把依法治国作为党领导人民治理国家的基本方略、把法治作为治国理政的基本方式，不断把法治中国建设推向前进。这是我们党领导人民在社会主义革命、建设和改革实践探索中得出的重要结论和作出的重大抉择。坚持依法治国基本方略，并不排斥政治领导、组织保障、方针政策指导、发动依靠群众、思想政治教育等，而是强调应形成诸种方略共治的国家治理体系，其中依法治国是基本治国方略；确立法治为治国理政的基本方式，并不排斥道德、纪律、行政、经济、乡规民约等，而是强调要综合运用多种规范手段，形成综合治理体系，其中法治是基本治国方式。加强法治建设，既要警惕法治虚无主义，也要防止法治万能主义，确保全面依法治国沿着正确方向推进。

全面依法治国是统筹推进"五位一体"总体布局的重要抓手。统筹推进经济建设、政治建设、文化建设、社会建设和生态文明建设，是我们党着眼于全面建成小康社会、实现社会主义现代化和中华民族伟大复兴，对推进中国特色社会主义事业作出的总体布局。要推动我国经济社会持续健康发展，不断开拓中国特色社会主义事业更加广阔的发展前景，必须全面推进社会主义法治国家建设，为解决各方面问题提供法治化方案。要实现经济发展、政治清明、文化昌盛、社会公正、生态良好，必须更好发挥法治的引领和规范作用，统筹推进法治经济、法治政治、法治文化、法治社会和生态法治建设；必须充分发挥全面依法治国的抓手作用，用法治思维和法治方式把"五位"整合为"一体"，纳入法治轨道，统筹建设、一体推进。

全面依法治国是"四个全面"战略布局的重要组成部分。"四个全面"战略布局的提出和形成，把全面依法治国提到了党和国家战略布局的新高度，赋予了全面依法治国新的战略角色和战略使命。这个战略布局，既有战略目标，也有战略举措，每一个"全面"都具有重大战略意义。从"四个全面"战略布局看，做好全面依法治国各项工作意义十分重大。没有全面依法治国，我们就治不好国、理不好政，我们的战略布局就会落空。要把全面依法治国放在"四个全面"战略布局中来把握，深刻认识全面依法治国同其他"三个全面"的关系，努力做到"四个全面"相辅相成、相互促进、相得益彰。实现全面建成小康社会的奋斗目标，落实全面深化改革的顶层设计，深化从严治党、依规治党，都需要从法治上提供可靠保障。

全面依法治国是实现国家治理现代化的重要依托。推进国家治理现代化，必须坚持依法治国，为党和国家事业发展提供根本性、全局性、长期性、稳定性的制度保障。建设中国特色社会主义法治体系，是完善和发展中国特色社会主义制度、推进国家治理现代化的重要方面，是国家治理体系的骨干工程。推进国家治理体系现代化，形成一整套系统完备、科学规范、运行有效、成熟定型的国家制度体系，就要建设更加科学完善的法治体系；推进国家治理能力现代化，提高运用国家制度体系治党治国治军的能力，就要切实实施宪法和法律、切实遵守党章及其他党内法规，不断提高全面依法治国的能力和水平。

二、中国特色社会主义法治建设迈出重大步伐

党的十八大以来，全面依法治国在各领域各环节深入推进，一系列重大举措有力展开，依法治国基本方略在各领域、各地方得到深入落实，中国特色社会主义法律体系不断完善发展，法治政府建

设成绩突出，司法权威和司法公信力不断提高，人权法治保障不断加强，全社会法治观念得到普遍提高，开辟了全面依法治国理论和实践的新境界，中国特色社会主义法治建设迈出重大步伐，取得了显著成就。

民主法治建设迈出重大步伐。积极发展社会主义民主政治，推进全面依法治国，党的领导、人民当家作主、依法治国有机统一的制度建设全面加强，党的领导体制机制不断完善。科学立法、严格执法、公正司法、全民守法深入推进，法治国家、法治政府、法治社会建设相互促进，中国特色社会主义法治体系日益完善，全社会法治观念明显增强。国家监察体制改革试点取得实效，行政体制改革、司法体制改革、权力运行制约和监督体系建设有效实施。

在依规治党方面：我们党着眼于全面从严治党的战略布局，先后对制度建党、制度治党、依规治党等重大事项作出部署。党的十八届三中全会提出，要紧紧围绕提高科学执政、民主执政、依法执政水平深化党的建设制度改革；四中全会把形成完善的党内法规体系规定为建设中国特色社会主义法治体系的重要部分和全面推进依法治国总目标的重要内容；五中全会提出，必须坚持依法执政，全面提高党依据宪法法律治国理政、依据党内法规管党治党的能力和水平，把依规治党的重要性提高到了确保"制度治党"的前所未有高度；六中全会开启了全面从严治党、制度治党、依规治党的新征程。按照"形成完善的党内法规体系"的要求，制定、修订、出台了一批标志性、关键性、基础性的法规制度，为全面从严治党提供了坚实的制度保障，初步形成了指导思想明确、规范效力清晰、结构相对完整、门类比较齐全的党内法规制度体系。

在科学立法方面：强调全面依法治国首先要有法可依，坚持立法先行，发挥立法引领和推动作用；全面贯彻实施宪法是建设社会主义法治国家的首要任务和基础性工作；实现立法和改革决策相衔接，做到重大改革于法有据、立法主动适应改革发展需要；完善科学立法、民主立法、依法立法机制，抓住提高立法质量这个关键，使社会主义法治成为良法善治；提出健全有立法权的人大主导立法工作的体制机制，发挥人大及其常委会在立法工作中的主导作用；立法人员必须具有很高的思想政治素质，具备遵循规律、发扬民主、加强协调、凝聚共识的能力等，为新时期加强和改进立法工作提供了重要指导。2012 年至 2017 年，共制定或修改法律 48 部、行政法规 42 部、地方性法规 2926 部、规章 3162 部，同时通过"一揽子"方式先后修订法律 57 部、行政法规 130 部，启动了民法典编纂、颁布了民法总则，中国特色社会主义法律体系日益完备。

在建设法治政府方面：党的十八大把基本建成法治政府确定为到 2020 年全面建成小康社会的重要目标；十八届四中全会把深入推进依法行政、加快建设法治政府确定为全面推进依法治国的重大任务，要求各级政府必须坚持在党的领导下、在法治轨道上开展工作，建立权责统一、权威高效的依法行政体制，加快建设职能科学、权责法定、执法严明、公开公正、廉洁高效、守法诚信的法治政府，为加快建设法治政府指明了方向，明确了任务。各地区各部门认真组织落实，法治政府建设稳步推进，取得了重大成就。

在司法体制改革方面：紧紧围绕维护社会公平正义，抓紧落实有关改革举措，取得了重要进展，改革主体框架基本确立。司法责任制改革全面推开，以审判为中心的刑事诉讼制度改革深入推进，省以下地方法院、检察院人财物统一管理逐步推行，干预司法记录、通报和责任追究制度制定实施，知识产权法院、最高人民法院巡回法庭、跨行政区划法院检察院设立，实行了立案登记制，废止了劳教制度，一批重大冤假错案得到坚决纠正，司法职权配置不断优化，执法司法规范化建设进一步加强。司法质量、效率和公信力大幅提升，人民群众对司法领域公平正义的获得感明显增强。党的十八大以来，政法战线坚持正确改革方向，敢于啃硬骨头、涉险滩、闯难关，做成了想了很多年、讲了很多年但没有做成的改革，司法公信力不断提升，对维护社会公平正义发挥了重要作用。

三、党对全面依法治国的统一领导不断加强

党政军民学，东西南北中，党是领导一切的。必须增强政治意识、大局意识、核心意识、看齐意识，坚决维护习近平总书记党中央的核心、全党的核心地位，坚决维护党中央权威和集中统一领导，自觉在思想上政治上行动上同党中央保持高度一致，完善坚持党的领导的体制机制，坚持稳中求进工作总基调，统筹推进"五位一体"总体布局，协调推进"四个全面"战略布局，提高党把方向、谋大局、定政策、促改革的能力和定力，确保党始终总揽全局、协调各方，把党领导一切的原则贯彻落实到全面依法治国的全过程和各方面。

党的十八大以来，我们党不断加强对全面依法治国的统一领导，从思想观念、制度规范到实践贯彻的各个方面、各个领域、各个层次，取得重大进展。

一是旗帜鲜明地强调和坚持党对全面依法治国的统一领导。党的领导是中国特色社会主义最本质的特征，是社会主义法治最根本的保证。把党的领导贯彻到依法治国全过程和各方面，是我国社会

主义法治建设的一条基本经验。习近平总书记指出，全面推进依法治国这件大事能不能办好，最关键的是方向是不是正确、政治保证是不是坚强有力，具体讲就是要坚持党的领导，坚持中国特色社会主义制度，贯彻中国特色社会主义法治理论。全党深刻认识到，坚持党的领导，是社会主义法治的根本要求，是党和国家的根本所在、命脉所在，是全国各族人民的利益所系、幸福所系，是全面推进依法治国的题中应有之义。

二是正确把握和深刻理解党和法治的关系。党和法治的关系是法治建设的核心问题。党的领导和社会主义法治是一致的，社会主义法治必须坚持党的领导，党的领导必须依靠社会主义法治。我国宪法确立了中国共产党的领导地位。只有在党的领导下依法治国、厉行法治，人民当家作主才能充分实现，国家和社会生活法治化才能有序推进。在加强和改进党对全面推进依法治国的领导进程中，我们党把依法治国基本方略同依法执政基本方式统一起来，把党总揽全局、协调各方同人大、政府、政协、监察机关、审判机关、检察机关依法依章程履行职能、开展工作统一起来，把党领导人民制定和实施宪法法律同党坚持在宪法法律范围内活动统一起来，善于使党的主张通过法定程序成为国家意志，善于使党组织推荐的人选通过法定程序成为国家政权机关的领导人员，善于通过国家政权机关实施党对国家和社会的领导，善于运用民主集中制原则维护中央权威、维护全党全国团结统一，形成了把坚持党的领导、人民当家作主、依法治国有机统一起来这条我国社会主义法治建设的基本经验。我国宪法以根本法的形式反映了党带领人民进行革命、建设、改革取得的成果，确立了在历史和人民选择中形成的中国共产党的领导地位。对这一点，要理直气壮讲、大张旗鼓讲。要向干部群众讲清楚我国社会主义法治的本质特征，做到正本清源、以正视听。

三是全面依法治国是中国特色社会主义的本质要求和重要保障，必须坚定不移走中国特色社会主义法治道路。依法执政，既要求党依据宪法法律治国理政，也要求党依据党内法规管党治党。坚持党的领导，不是一句空的口号，必须具体体现在党领导立法、保证执法、支持司法、带头守法上。党的领导是中国特色社会主义法治之魂，是我们的法治同西方资本主义国家的法治的根本区别。离开了中国共产党的领导，中国特色社会主义法治体系、社会主义法治国家就建不起来。我们全面推进依法治国，绝不是要虚化、弱化甚至动摇、否定党的领导，而是为了进一步巩固党的执政地位、改善党的执政方式、提高党的执政能力，保证党和国家长治久安。

四是坚持党对政法工作的绝对领导。2018 年 1 月，习近平总书记作出指示，希望全国政法战线深入学习贯彻党的十九大精神，强化"四个意识"，坚持党对政法工作的绝对领导，坚持以人民为中心的发展思想，增强工作预见性、主动性，深化司法体制改革，推进平安中国、法治中国建设，加强过硬队伍建设，深化智能化建设，严格执法、公正司法，履行好维护国家政治安全、确保社会大局稳定、促进社会公平正义、保障人民安居乐业的主要任务，努力创造安全的政治环境、稳定的社会环境、公正的法治环境、优质的服务环境，增强人民群众获得感、幸福感、安全感。2019 年 1 月，为坚持和加强党对政法工作的绝对领导，做好新时代党的政法工作，中共中央印发了《中国共产党政法工作条例》，明确政法工作是党和国家工作的重要组成部分，是党领导政法单位依法履行专政职能、管理职能、服务职能的重要

中国共产党政法
工作条例

方式和途径。党委政法委员会是党委领导和管理政法工作的职能部门，是实现党对政法工作领导的重要组织形式，必须长期坚持。各级党委政法委员会要把工作着力点放在把握政治方向、协调各方职能、统筹政法工作、建设政法队伍、督促依法履职、创造公正司法环境上，带头依法依规办事，保障宪法法律正确统一实施。政法机关党组织要建立健全重大事项向党委报告制度。加强政法机关党的建设，在法治建设中充分发挥党组织政治保障作用和党员先锋模范作用。

五是坚持全面依法治国，必须把党的领导贯彻落实到依法治国全过程和各方面。党既要坚持依法治国、依法执政，自觉在宪法法律范围内活动，又要发挥好党组织和党员干部在依法治国中的政治核心作用和先锋模范作用。党的十九大报告明确要求，我们党要增强政治领导本领，坚持战略思维、创新思维、辩证思维、法治思维、底线思维，科学制定和坚决执行党的路线方针政策，把党总揽全局、协调各方落到实处。

六是健全党领导依法治国的制度和工作机制，完善保证党确定依法治国方针政策和决策部署的工作机制和程序。加强对全面推进依法治国的统一领导、统一部署、统筹协调。完善党委依法决策机制，发挥政策和法律的各自优势，促进党的政策和国家法律互联互动。党委要定期听取政法机关工作汇报，做促进公正司法、维护法律权威的表率。党政主要负责人要履行推进法治建设第一责任人职责。各级党委要领导和支持工会、共青团、妇联等人民团体和社会组织在依法治国中积极发挥作用。

七是统筹推进依法治国与依规治党。加强党内法规制度建设是全面从严治党的长远之策、根本之策。我们党要履行好执政兴国的重大历史使命、赢得具有许多新的历史特点的伟大斗争胜利、实现党和国家的长治久安，必须坚持依法治国与制度治党、依规治党统筹推进、一体建设。党内法规既是管党治党的重要依据，也是建设社会主义法治国家的有力保障。党章是最根本的党内法规，全党必须一体严格遵行。完善党内法规制定体制机制，加大党内法规备案审查和解释力度，形成配套完备的党内法规制度体系。注重党内法规同国家法律的衔接和协调，提高党内法规执行力，运用党内法规把党要管党、从严治党落到实处，促进党员、干部带头遵守国家法律法规。

八是提高党员干部法治思维和依法办事能力。党员干部是全面推进依法治国的重要组织者、推动者、实践者，要自觉提高运用法治思维和法治方式深化改革、推动发展、化解矛盾、维护稳定能力，高级干部尤其要以身作则、以上率下。把法治建设成效作为衡量各级领导班子和领导干部工作实绩重要内容，纳入政绩考核指标体系。把能不能遵守法律、依法办事作为考察干部重要内容，在相同条件下，优先提拔使用法治素养好、依法办事能力强的干部。对特权思想严重、法治观念淡薄的干部要批评教育，不改正的要调离领导岗位。

九是组建中央全面依法治国委员会。党的十九大报告提出，成立中央全面依法治国领导小组，加强对法治中国建设的统一领导。《深化党和国家机构改革方案》进一步明确，组建中央全面依法治国委员会，负责全面依法治国的顶层设计、总体布局、统筹协调、整体推进、督促落实，作为党中央决策议事协调机构。中央全面依法治国委员会的主要职责是：统筹协调全面依法治国工作，坚持依法治国、依法执政、依法行政共同推进，坚持法治国家、法治政府、法治社会一体建设，研究全面依法治国重大事项、重大问题，统筹推进科学立法、严格执法、公正司法、全民守法，协调推进中国特色社会主义法治体系和社会主义法治国家建设等。2018年8月24日，习近平总书记主持召开中央全面依法治国委员会第一次会议并发表重要讲话。他指出，中央全面依法治国委员会要管宏观、谋全局、抓大事，既要破解当下突出问题，又要谋划长远工作，把主要精力放在顶层设计上。要增强"四个意识"，坚定"四个自信"，主动谋划和确定中国特色社会主义法治体系建设的总体思路、重点任务，做好全面依法治国重大问题的运筹谋划、科学决策，实现集中领导、高效决策、统一部署，统筹整合各方面资源和力量推进全面依法治国。要推动把社会主义核心价值观贯穿立法、执法、司法、守法各环节，使社会主义法治成为良法善治。要支持人大、政府、政协、监察机关、审判机关、检察机关依法依章程履行职责，各有关部门要扎扎实实做好工作，形成工作合力。要压实地方落实全面依法治国的责任，确保党中央关于全面依法治国的决策部署落到实处。要加强对工作落实情况的指导督促、考核评价，及时了解进展、发现问题、提出建议。委员会各协调小组要在各自领域发挥作用，加强对相关领域法治工作的协调。

[延伸阅读]

党的十八大以来我国全面推进
依法治国新成就综述（节录）

党的十八大以来，以习近平同志为核心的党中央从关系党和国家前途命运的战略全局出发，把全面依法治国纳入"四个全面"战略布局，作出一系列重大决策部署，开启了法治中国建设的新时代。

五年多来，在习近平新时代中国特色社会主义思想的指引下，民主法治建设迈出重大步伐，党的领导、人民当家作主、依法治国有机统一的制度建设全面加强，党的领导体制机制不断完善；

五年多来，科学立法、严格执法、公正司法、全民守法深入推进，法治国家、法治政府、法治社会建设相互促进，中国特色社会主义法治体系日益完善，全社会法治观念明显增强；

五年多来，国家监察体制改革、行政体制改革、司法体制改革、权力运行制约和监督体系建设有效实施，全面依法治国取得了举世瞩目的新进展、新成就，谱写下法治中国建设的崭新篇章。

新理念新思想新战略，为全面依法治国提供根本遵循。

良法促善治，中国特色社会主义法律体系不断完善。

依法行政深入推进，法治政府建设步履坚实。

——推进依法决策，提升决策公信力。

——深化放管服改革，政务服务更优化。

——权力关进笼子里，行政执法更规范。

——加大问责力度，推动依法履职。

深化司法体制改革，促进社会公平正义。

法治信仰浸润人心，法治社会建设稳步推进。

——把普法融入执法的全过程。

——全面推进公共法律服务体系建设。

——广泛开展依法治理活动。

——健全完善多元化纠纷解决机制。

——《人民日报》2018 年 9 月 7 日

第三节　推进全面依法治国、建设
法治强国的新征程

党的十八大以来，我们党更加重视依法治国，更加注重法治在现代化建设和治国理政中的重要作用，明确提出全面推进依法治国、加快建设社会主义法治国家的战略任务，并把全面依法治国提到"四个全面"战略布局的新高度，开启了加快建设法治中国的新征程。

一、习近平总书记关于全面依法治国的新理念新思想新战略

党的十八大以来，习近平总书记以中国特色社会主义法治道路、法治体系、法治实践、法治中国等重大理论概念为基础，围绕全面推进依法治国、建设法治中国作出一系列重要论述和重大判断，深刻回答了中国特色社会主义法治道路、方向、主体、布局、关键等根本性问题，形成了一系列新理念新思想新战略。

习近平总书记关于全面依法治国的新理念新思想新战略，强调要坚持加强党对依法治国的领导，坚持人民主体地位，坚持中国特色社会主义法治道路，坚持建设中国特色社会主义法治体系，坚持依法治国、依法执政、依法行政共同推进，法治国家、法治政府、法治社会一体建设，坚持依宪治国、依宪执政，坚持全面推进科学立法、严格执法、公正司法、全民守法，坚持处理好全面依法治国的辩证关系，坚持建设德才兼备的高素质法治工作队伍，坚持抓住领导干部这个"关键少数"，明确了全面依法治国的指导思想、发展道路、工作布局、重点任务。这些新理念新思想新战略，是全面依法治国的根本遵循，必须长期坚持、不断丰富发展。

二、新时代推进全面依法治国的新形势新要求

（一）新时代推进全面依法治国的新形势

经过长期努力，中国特色社会主义进入了新时代，这是我国发展新的历史方位。这一重大战略判断，表明我国仍处于并将长期处于社会主义初级阶段的基本国情没有变，我国是世界最大发展中国家的国际地位没有变，但是，我国社会主要矛盾已经转化为人民日益增长的美好生活需要和不平衡不充分的发展之间的矛盾。人民的美好生活需要，不仅对物质文化生活提出了更高要求，而且对民主、法治、公平、正义、安全、环境等方面的要求日益增长。社会主要矛盾的变化，集中体现在两个方面：一是从需求方来看，人民日益增长的"物质文化需要"已经转化为"美好生活需要"。以"民主、法治、公平、正义、安全、环境"为主要内容的人民对美好生活的新需要，都直接或间接关涉法治及其涵盖的民主自由、公平正

义、安全环保等政治文明的内容，基本上都是广义的法律调整和法治运行需要面对的重大问题，是推进科学立法、严格执法、公正司法和全民守法应当高度重视和积极回应的现实问题，是建设法治国家、法治政府、法治社会以及法治经济、法治文化、生态法治和深化依法治国实践亟待解决的根本问题。二是从供给方来看，"落后的社会生产"已经转化为"不平衡不充分的发展"。这里的发展包括了经济发展、政治发展、法治发展、文化发展、社会发展以及新发展理念要求的"创新、协调、绿色、开放、共享"发展。其中，执政党引领法治发展的决策供给，国家权力机关立法体系的规则供给，国家行政机关执法运行的服务供给，国家司法机关居中裁判的正义供给，全体民众自觉守法的秩序供给，等等，基本上都既存在法治供给不充分、不到位、不及时的问题，也存在法治供给和法治资源配置不平衡、不协调、不合理的问题。

新时代面临的新形势，要求把全面依法治国与党带领人民实现中华民族伟大复兴的崇高历史使命紧密结合起来、深度融合起来，把全面依法治国融入我们党带领人民进行伟大斗争、建设伟大工程、推进伟大事业、实现伟大梦想的历史洪流，成为统筹推进"五位一体"总体布局、协调推进"四个全面"战略布局的法治助推器，成为决胜全面建成小康社会、开启全面建设社会主义现代化国家新征程的法治定盘星。

新时代面临的新形势，要求推进全面依法治国必须始终坚持以习近平新时代中国特色社会主义思想为指导思想和行动指南。习近平新时代中国特色社会主义思想从理论和实践结合上系统回答了新时代坚持和发展什么样的中国特色社会主义法治，怎样全面推进依法治国、建成法治中国等重大理论、制度和实践问题。习近平新时代中国特色社会主义思想，不仅是建设社会主义现代化强国的指导思想，而且也是新时代全面推进依法治国、加快建设中国特色社会主义法治体系、建设社会主义法治国家的根本指导思想。将习近平新时代中国特色社会主义思想载入宪法，把党的指导思想转化为国家指导思想，充分反映了全党全国各族人民的共同意愿，体现了党的主张和人民意志的高度统一，对于巩固全党全国各族人民为实现中华民族伟大复兴而奋斗的共同思想基础，夺取新时代中国特色社会主义伟大胜利，具有重大的现实意义和深远的历史意义。

新时代面临的新形势，应当把全面依法治国基本方略与新时代坚持和发展中国特色社会主义的基本方略有机结合起来、完整统一起来。全面依法治国是党领导人民治国理政的基本方略，同时也是新时代坚持和发展中国特色社会主义的一条基本方略。坚持全面依法治国基本方略，应当与新时代坚持和发展中国特色社会主义的基本方略有机结合起来、完整统一起来，在习近平新时代中国特色社会主义思想"八个明确""十四个坚持"的理论指引下，重新认识和把握依法治国基本方略的现实定位和科学内涵。

新时代面临的新形势，要求必须坚定不移推进全面依法治国。立足中国特色社会主义新时代，站在新的历史方位上，着力决胜全面建成小康社会实现第一个百年奋斗目标，着眼国家富强、人民幸福、民族复兴中国梦实现第二个百年奋斗目标，我们比任何时候都充满中国特色社会主义的道路自信、理论自信、制度自信和文化自信，我们比任何时候都更有决心、更有信心、更有能力在党的领导下坚定不移推进全面依法治国，把我国建设成为社会主义现代化法治强国。推进全面依法治国，必须与时俱进、体现时代精神，借鉴国外法治有益经验。坚持从我国实际出发，不等于关起门来搞法治。法治是人类文明的重要成果之一，法治的精髓和要旨对于各国国家治理和社会治理具有普遍意义，我们要学习借鉴世界上优秀的法治文明成果，但绝不能搞"全盘西化"，不能搞"全面移植"，不能照搬照抄。必须把法治建设放在党和国家工作大局中来考虑、谋划和推进。推进全面依法治国涉及改革发展稳定、治党治国治军、内政外交国防等各个领域，必须立足全局和长远来统筹谋划，必须着眼于实现中华民族伟大复兴中国梦、实现党和国家长治久安来长远考虑，用不断完善的法治体系促进、保障党和国家治理体制更加成熟更加定型，为党和国家事业发展、为人民幸福安康、为社会和谐稳定提供一整套更完备、更稳定、更管用的制度体系。必须坚定不移推进法治领域改革，坚决破除束缚全面推进依法治国的体制机制障碍。推进全面依法治国是国家治理领域一场广泛而深刻的革命，必然涉及各方面的重大利益，甚至触动某些部门和个人的"奶酪"。解决法治领域的突出问题，根本途径在于改革。法治领域改革涉及的主要是公检法司等国家政权机关和强力部门，社会关注度高，改革难度大，更需要自我革新的勇气和魄力。各部门各方面一定要增强大局意识，自觉在大局下思考、在大局下行动，跳出部门框框，做到相互支持、相互配合。要把解决了多少实际问题、人民群众对问题解决的满意度作为评价法治改革成效的标准。只要有利于提高党的执政能力、巩固党的执政地位，有利于维护宪法和法律的权威，有利于维护人民权益、维护公平正义、维护国家安全稳定，不管遇到什么阻力和干扰，都要坚定不移向前推进。不仅政法机关各部门要跳出自己的"一亩三分地"，而且全面依法治国关涉的其他各系统、各部门、各地方、各单位，也要跳出"部门本位""地方本位""系统本位"等窠臼，在党中央的集中统一领导下，从党和国家工作大局和全局出发，用法治思维和法治方式推进政治领域的改革，破除一切束缚推进全面依法治国的体制机制障碍。

（二）新时代推进全面依法治国的新要求

党的十九大从中国特色社会主义法治道路、理论、制度、文化等方面，对新时代推进全面依法治国提出了一系列新要求。

一是坚定不移走中国特色社会主义法治道路。中国特色社会主义法治道路是中国特色社会主义道路在法治领域的具体体现，是建设社会主义法治国家的唯一正确道路。坚持中国特色社会主义法治道路，最根本的是坚持党的领导。为了加强对法治中国建设的统一领导，党的十九大后成立了中央全面依法治国委员会，发挥党在法治领域总揽全局、协调各方的领导作用，把党的领导贯彻落实到依法治国全过程和各方面。

二是完善以宪法为核心的中国特色社会主义法律体系。以习近平同志为核心的党中央丰富和发展了完善中国特色社会主义法律体系的理论，阐明了新形势下立什么样的法、怎样立法这一重大命题，为立法工作和立法体制改革指明了方向。党的十九大明确提出以良法促进发展、保障善治，将科学立法、民主立法的原则发展为科学立法、民主立法、依法立法，体现了我们党对立法工作重要意义和立法规律的深入认识，必将推动中国特色社会主义法律体系进一步发展完善。

三是建设中国特色社会主义法治体系，建设社会主义法治国家。这既是全面推进依法治国的总目标，也是新时代全面依法治国基本方略的重要内容，具有纲举目张的重要意义。其中，建设中国特色社会主义法治体系，既是总目标的重要组成部分，又是实现总目标的总抓手。中国特色社会主义法律体系形成后，我国法治建设的总抓手转向建设中国特色社会主义法治体系，体现了我们党对法治建设规律认识的不断深化，体现了全面推进依法治国的整体要求。

四是发展中国特色社会主义法治理论。党的十八大以来，习近平总书记结合现阶段中国国情和推进国家治理现代化、建设法治中国的丰富实践，提出了一系列开创性的全面依法治国新理念新思想新战略，创造性地发展了中国特色社会主义法治理论，为社会主义法治建设开新局、谱新篇提供了强大思想武器和科学行动指南。中国特色社会主义进入新时代，我国社会主要矛盾的转化，这些在一定程度上都与法治问题息息相关，蕴含着理论创新的巨大动力、潜力和活力。我们要始终保持与时俱进的马克思主义理论品格，不断推进中国特色社会主义法治理论创新发展。

五是坚持依法治国、依法执政、依法行政共同推进，坚持法治国家、法治政府、法治社会一体建设。全面推进依法治国是一项庞大的系统工程，必须统筹兼顾、把握重点、整体谋划，在共同推进上着力，在一体建设上用劲。党的十八大以来，法治国家、法治政府、法治社会一体建设、相互促进，取得显著成效。党的十九大在两个阶段的战略安排中明确指出，到2035年法治国家、法治政府、法治社会基本建成，各方面制度更加完善，国家治理体系和治理能力现代化基本实现；到本世纪中叶，实现国家治理体系和治理能力现代化。这为我们进一步推进依法治国指明了方向，明确了目标。

六是坚持依法治国和以德治国相结合。法安天下，德润人心。治理国家、治理社会必须一手抓法治、一手抓德治，既要重视发挥法律的规范作用，又要重视发挥道德的教化作用，在把法治作为治国理政基本方式的同时，注重弘扬社会主义核心价值观，着力实现法律和道德相辅相成、法治和德治相得益彰。

七是坚持依法治国和依规治党有机统一。以习近平同志为核心的党中央高度重视党内法规同国家法律的衔接和协调。坚持依法治国与制度治党、依规治党统筹推进、一体建设。党的十九大将"依法治国和依规治党有机统一"作为坚持全面依法治国基本方略的重要内容，并提出要加快形成覆盖党的领导和党的建设各方面的党内法规制度体系，增强依法执政本领。

八是深化司法体制改革。深化司法体制改革作为全面推进依法治国的重中之重，以建设公正高效权威的社会主义司法制度为目标，以提高司法公信力为根本尺度，以"让人民群众在每一个司法案件中感受到公平正义"为检验标准，深刻阐释司法体制重大理论问题，使我国司法体制改革呈现出前所未有的力度、广度和深度。党的十九大将"深化司法体制改革"写入全面依法治国基本方略，必将推动司法体制改革进入新阶段。

九是提高全民族法治素养和道德素质。以习近平同志为核心的党中央高度重视全民法治观念的增强和思想道德素质的提升，把全民普法和守法作为全面依法治国的长期基础性工作。党的十九大明确提出提高全民族法治素养和道德素质，并把培育和践行社会主义核心价值观、加强思想道德建设作为新时代社会主义先进文化建设的重点任务。

三、新时代建设现代化法治强国的新目标新任务

（一）新时代建设现代化法治强国的新目标

建设现代化法治强国的新目标，是从属于并决定于党和国家在

新时代的整体战略目标的。改革开放之后，我们党对我国社会主义现代化建设作出战略安排，提出"三步走"战略目标。现在，解决人民温饱问题、人民生活总体上达到小康水平这两个目标已提前实现。在这个基础上，党的十九大提出，到建党 100 年时建成经济更加发展、民主更加健全、科教更加进步、文化更加繁荣、社会更加和谐、人民生活更加殷实的小康社会，然后再奋斗 30 年，到新中国成立 100 年时，基本实现现代化，把我国建成社会主义现代化国家。据此，至本世纪中叶建成社会主义现代化强国，我们党提出了新"三步走"战略，也为法治建设提出了新的阶段性目标。

一是我们党提出到 2020 年实现全面建成小康社会的战略目标中，蕴含着新时代建设现代化法治强国第一阶段的奋斗目标，这就是到 2020 年，要实现依法治国基本方略全面落实，中国特色社会主义法律体系更加完善，法治政府基本建成，司法公信力明显提高，人权得到切实尊重和保障，产权得到有效保护，国家各项工作基本实现法治化。

二是党的十九大明确提出，从 2020 年到 2035 年，在全面建成小康社会的基础上，再奋斗 15 年，基本实现社会主义现代化。到那时，我国经济实力、科技实力将大幅跃升，跻身创新型国家前列；人民平等参与、平等发展权利得到充分保障，法治国家、法治政府、法治社会基本建成，各方面制度更加完善，国家治理体系和治理能力现代化基本实现；社会文明程度达到新的高度，国家文化软实力显著增强，中华文化影响更加广泛深入；等等。与此相适应，新时代建设现代化法治强国在这个阶段的目标是，我们党和国家顶层设计提出的全面建设法治中国的各项战略任务和重大改革举措顺利完成，新时代中国特色社会主义法治理论发展、法治体系建设、法治实践推进达成预定目标，一整套更加完善的制度体系基本形成，党和国家治理体系和治理能力现代化基本实现。把经济建设、政治建设、文化建设、社会建设、生态文明建设纳入法治轨道，用法治思维和法治方式推进全面深化改革、全面依法治国、全面从严治党等取得新成就，在基本实现社会主义现代化的进程中，基本建成法治国家、法治政府、法治社会，基本建成现代化法治强国。

三是从2035年到本世纪中叶，在基本实现现代化的基础上，再奋斗15年，把我国建成富强民主文明和谐美丽的社会主义现代化强国。到那时，我国物质文明、政治文明、精神文明、社会文明、生态文明将全面提升，实现国家治理体系和治理能力现代化，成为综合国力和国际影响力领先的国家，全体人民共同富裕基本实现，我国人民将享有更加幸福安康的生活，中华民族将以更加昂扬的姿态屹立于世界民族之林。这一阶段法治建设的目标是，把我国建成现代化法治强国，即科学立法、严格执法、公正司法、全民守法的各项制度得到全面贯彻，党领导立法、保证执法、支持司法、带头守法的各项要求得到全面落实，依法治国、依法执政、依法行政共同推进的现代化国家治理体系全面建成，国家治理能力显著提高，治党治国治军的制度体系更加完善更加成熟更加定型更有效能，法治国家、法治政府、法治社会一体建设的各项指标全面达到，依法治国基本方略得到全面深入落实，法治体系、法治权威、法治秩序全面发展，法治文化、法治精神、法治思想深入人心，全面建成富强民主文明和谐美丽的社会主义现代化强国。

党的十九大强调，"全面推进依法治国总目标是建设中国特色社会主义法治体系、建设社会主义法治国家"。这就是，在中国共产党领导下，坚持中国特色社会主义制度，贯彻中国特色社会主义法治理论，形成完备的法律规范体系、高效的法治实施体系、严密的法治监督体系、有力的法治保障体系，形成完善的党内法规体系，坚持依法治国、依法执政、依法行政共同推进，坚持法治国家、法治政府、法治社会一体建设，实现科学立法、严格执法、公正司法、全民守法，促进国家治理体系和治理能力现代化。

（二）新时代建设现代化法治强国的新任务

党的十九大为新时代深化依法治国实践、建设法治强国指明了前进方向、基本任务和实践路径。中央全面依法治国委员会第一次会议进一步明确了今后一个时期全面依法治国的重点任务。

切实维护宪法权威，加强宪法实施和监督。党的十八大以来，以习近平同志为核心的党中央高度重视宪法作为根本大法在治国理政中的重要地位和作用，多次强调依法治国首先是依宪治国，依法执政关键是依宪执政，任何组织和个人都必须尊重宪法法律权威。党的十八届四中全会对"依宪治国"提出了一系列制度上的要求。在此基础上，党的十九大报告明确提出"推进合宪性审查工作"的要求，牵住了"依宪治国"的"牛鼻子"。宪法具有最高的法律地位、法律权威、法律效力。要用科学有效、系统完备的制度体系保证宪法实施。习近平总书记明确提出，要加强宪法学习宣传教育，弘扬宪法精神、普及宪法知识，为加强宪法实施和监督营造良好氛围。宪法法律的权威源自人民的内心拥护和真诚信仰，加强宪法学习宣传教育是实施宪法的重要基础。要在全社会广泛开展尊崇宪法、学习宪法、遵守宪法、维护宪法、运用宪法的宣传教育，弘扬宪法精神，弘扬社会主义法治意识，增强广大干部群众的宪法意识，使全体人民成为宪法的忠实崇尚者、自觉遵守者、坚定捍卫者。要坚持从青少年抓起，把宪法法律教育纳入国民教育体系，引导青少年从小掌握宪法法律知识、树立宪法法律意识、养成尊法守法习惯。要完善国家工作人员学习宪法法律的制度，推动领导干部加强宪法学习，增强宪法意识，带头尊崇宪法、学习宪法、遵守宪法、维护宪法、运用宪法，做尊法学法守法用法的模范。

实现以良法促进发展、保障善治。"立善法于天下，则天下治；立善法于一国，则一国治。"我们党在反思古今中外各种法治模式的基础上，提出"法律是治国之重器，良法是善治之前提"。党的十九大提出"以良法促进发展、保障善治"，将立法与国家治理、社会发展有机统一起来，丰富和发展了良法善治思想。实现"良法善治"，要处理好改革与法治的关系，在法治轨道上推进改革，在改革过程中完善法治，不仅做到重大改革于法有据，而且做到特别重大的改革于宪有据。要及时修改完善宪法，为特别重大的改革提供宪法依据和宪法保障；要切实推进科学立法、民主立法、依法立法，不断提高立法质量，做好法律法规的立、改、废、释工作，以立法引领、促进和保障各项改革顺利进行。

努力提升法治政府建设水平。党的十八大以来，在全面推进依法治国的号角声中，法治政府建设换挡提速，依法行政成为鲜明的时代特征。党的十九大充分肯定了五年来法治政府建设的成就，同时也指出了法治政府建设的着力点。应当按照党的十九大部署，深入推进依法执政，做到严格规范公正文明执法，建设人民满意的服务型政府。

积极推进司法体制综合配套改革。党的十八大以来，各级政法机关按照党中央的决策部署，坚持正确改革方向，司法改革取得了阶段性成效，"四梁八柱"性质的改革主体框架基本确立。但相关的综合配套制度还需进一步完善。应当继续以让人民群众在每一个司法案件中感受到公平正义为目标，注重深化司法改革与现代科技相结合，加强正规化建设，打造对党忠诚的队伍，落实司法责任制，规范司法权力运行，强化监督制约，提升司法公信力，健全保障机制，提高职业化水平。

大力加强社会主义法治文化建设。随着中国特色社会主义文化写入党章，作为重要组成部分的法治文化建设也摆在了更加重要的位置。党的十九大将全民普法提升到法治文化建设的高度，提出要加大全民普法力度，树立宪法法律至上、法律面前人人平等的法治理念。应当按照党的十九大部署，深入开展全民普法工作，真正让法治理念深入人心，让法治成为一种信仰、成为全社会的生活方式和行为模式。

本章小结

全面依法治国是坚持和发展中国特色社会主义的本质要求和重要保障，事关我们党执政兴国，事关人民幸福安康，事关党和国家事业发展。全面建成小康社会、实现中华民族伟大复兴的中国梦，全面深化改革、完善和发展中国特色社会主义制度，提高党的执政能力和执政水平，必须全面推进依法治国。党的十八大以来，习近平总书记提出了一系列全面依法治国新理念新思想新战略，明确了全面依法治国的指导思想、发展道路、工作布局、重点任务。这些新理念新思想新战略，是全面依法治国的根本遵循，必须长期坚持、不断丰富发展。

【思考题】

1. 为什么必须坚持中国特色社会主义法治道路？

2. 习近平总书记关于全面依法治国新理念新思想新战略的主要内容有哪些？

第一章
全面依法治国的总目标

1997 年，党的十五大首次提出"依法治国，建设社会主义法治国家"。2007 年，党的十七大提出"全面落实依法治国基本方略，加快建设社会主义法治国家"。2012 年，党的十八大进一步提出"全面推进依法治国"的战略决策。党的十八届四中全会，习近平总书记在深入调研、充分论证、科学谋划、汇聚全党智慧的基础上，提出了全面依法治国的总目标。

第一节　全面依法治国总目标的
科学内涵及其意义

全面推进依法治国，总目标是建设中国特色社会主义法治体系，建设社会主义法治国家。这就是，在中国共产党领导下，坚持中国特色社会主义制度，贯彻中国特色社会主义法治理论，形成完备的法律规范体系、高效的法治实施体系、严密的法治监督体系、有力的法治保障体系，形成完善的党内法规体系，坚持依法治国、依法执政、依法行政共同推进，坚持法治国家、法治政府、法治社会一体建设，实现科学立法、严格执法、公正司法、全民守法，促进国家治理体系和治理能力现代化。

一、全面依法治国的总目标是"两个建设"

全面依法治国需要确定一个总目标，以明确方向、保持定力、坚定步伐，扎扎实实、有条有理地向前推进。党的十八届四中全会

习近平：关于《中共中央关于全面推进依法治国若干重大问题的决定》的说明

通过的《中共中央关于全面推进依法治国若干重大问题的决定》指出，全面推进依法治国，总目标是建设中国特色社会主义法治体系，建设社会主义法治国家。我们通常称为"两个建设"。也就是，在中国共产党领导下，坚持中国特色社会主义制度，贯彻中国特色社会主义法治理论，建设中国特色社会主义法治体系，建成社会主义法治国家，为实现社会主义现代化法治强国奠定坚实基础。其中，建设中国特色社会主义法治体系既是总目标，又是总抓手。

二、建设中国特色社会主义法治体系是全面依法治国的总抓手

法治体系是与法律体系不同的法学理论概念。法律体系是指由一国现行的全部法律规范按照不同的法律部门分类组合而形成的一

个体系化的、有机联系的统一整体。法治体系是指一个国家从立法、执法、司法、守法、普法、督法、法治保障及与依规治党相统一的全部法治运行体制和机制。法律体系是法律的规范体系，或者说是权利义务体系，而法治体系则是法律的运行体系。一个是静态，一个是动态；一个是平面，一个是立体。法治体系不仅包括立法及其形成的法律规范体系，而且包括执法、司法、守法等法律实施环节，包括保证法律运行的保障机制、监督机制、法治队伍建设及依规治党等方面，体现了全面推进依法治国的整体要求，特别是突出了法律的实施和实效。法治体系是一个描述一国法治运行与操作规范化有序化程度、表征法治运行与操作各个环节彼此衔接、结构严整、运转协调状态的概念，也是一个规范法治运行与操作，使之充分体现和有效实现社会主义法治核心价值的概念。

全面推进依法治国，涉及立法、执法、司法、守法、普法、督法、法治保障、法学教育，涉及依法治国、依法执政、依法行政共同推进，法治国家、法治政府、法治社会一体建设，涉及国家法治、地方法治、社会法治统筹互动、协调发展，在实际工作中必须有一个牵引各方的总抓手，这个总抓手就是建设中国特色社会主义法治体系。依法治国各项工作都要围绕这个总抓手来谋划、来推进。

习近平总书记指出："提出这个总目标，既明确了全面推进依法治国的性质和方向，又突出了全面推进依法治国的工作重点和总抓手。"其重大意义在于：一是向国内外鲜明宣示我们将坚定不移走中国特色社会主义法治道路。二是明确全面推进依法治国的总抓手。全面推进依法治国涉及很多方面，在实际工作中必须紧紧围绕这个总抓手来谋划、来推进。三是建设中国特色社会主义法治体系、建设社会主义法治国家是实现国家治理体系和治理能力现代化的必然要求。建设中国特色社会主义法治体系，建设社会主义法治国家，是贯穿党的十八届四中全会《决定》全篇的一条主线，既明确了全面推进依法治国的性质和方向，又突出了全面推进依法治国的工作重点和总抓手，对全面推进依法治国具有纲举目张的意义。

三、建设中国特色社会主义法治体系是建设社会主义法治国家的必由之路

建设中国特色社会主义法治体系不仅是全面依法治国的总抓手，也是建设社会主义法治国家的必由之路。只有通过构建中国特色社会主义法治体系，才能为社会主义法治国家建设奠定坚实的基础。

首先，法治国家的基本要求和基本标志是有法可依、有法必依、执法必严、违法必究。法治体系所包括的法律规范体系、法治实施体系、法治监督体系、法治保障体系、党内法规体系五个"子体系"为实现这四个方面的基本要求增添了强大动力。

其次，法治国家是善治国家，是形式法治与实质法治的有机统一。世界上的法治模式、法治图景各种各样，但总体上都属于形式法治。而我们要建设的法治国家则不仅要做到厉行法治、依法治国，而且应当能够充分保障人权、制约公权、促进公平、维护秩序、引领风尚。法治体系的建设正有助于形式法治与实质法治的统一。

最后，法治国家的最根本的特征和最大的优势是党的领导。建设中国特色社会主义法治体系、特别是完善党内法规体系、健全党的领导制度和机制，为我们党依据国家法律和党内法规治国理政、

建设法治国家提供了坚实的制度前提和政治保证。

第二节 建设中国特色社会主义法治体系

习近平总书记深刻指出，建设中国特色社会主义法治体系就是"在中国共产党领导下，坚持中国特色社会主义制度，贯彻中国特色社会主义法治理论，形成完备的法律规范体系、高效的法治实施体系、严密的法治监督体系、有力的法治保障体系，形成完善的党内法规体系"。

一、形成完备的法律规范体系

建设中国特色社会主义法治体系，必须坚持立法先行，发挥立法的引领和推动作用，抓住提高立法质量这个关键。完善立法体制机制，坚持立改废释并举，增强法律法规的及时性、系统性、针对性、有效性。

2011年3月10日，在十一届全国人大四次会议上，《全国人民代表大会常务委员会工作报告》正式宣布中国特色社会主义法律体系已经形成。法律体系形成并不意味着法律规范体系已经完备。从现实情况看，我国法律规范体系还存在缺项，有些问题在法律上还不明确，需要制定相应的法律。现行的法律规定，有些已经不适应形势环境的变化和事业发展的要求，有的需要修改，有的需要废止，有的需要配套。有的法律法规未能全面反映客观规律和人民意愿，针对性、可操作性不强，立法工作中部门化倾向、争权诿责现象较为突出。针对这种情况，党的十八届四中全会和五中全会、党的十九大、中央全面依法治国委员会第一次会议都提出了要求。要深入推进科学立法、民主立法、依法立法，提高立法质量，加强重点领域立法，加快完善体现权利公平、机会公平、规则公平的法律制度，保障公民人身权、财产权、人格权、基本政治权利等各项权利不受侵犯，保障公民经济、文化、社会、环境等各方面权利得到落实；实现立法和改革决策相衔接，做到重大改革于法有据、立法主动适应改革和经济社会发展需要。要坚持上下有序、内外协调、科学规范、运行有效的原则完善和发展法律规范体系，各部门法之间，以及各种不同渊源、不同形式的规范性法律文件之间彼此衔接、和谐统一；更加注重立改废释并举，实现从粗放型立法向集约型立法的转变，从立改废释"立"字当头到立改废释协调推进；进一步加强依宪依法立法、科学立法和民主立法，让法律法规立得住、行得通、真管用，以良法促进发展、保证善治。

二、形成高效的法治实施体系

法律的生命在于实施，法律的权威在于实施，法律的伟力也在于实施。无论在直观感受上，还是参照法治评估数据，我国法律实施的情况都严重低于立法预期。不把宪法和法律当回事、不给宪法和法律"留面子"的情况时常发生。正如习近平总书记所指出，"在充分肯定成绩的同时，我们也要看到存在的不足，主要表现在：保证宪法实施的监督机制和具体制度还不健全，有法不依、执法不严、违法不究现象在一些地方和部门依然存在；关系人民群众切身利益的执法司法问题还比较突出；一些公职人员滥用职权、失职渎职、执法犯法甚至徇私枉法严重损害国家法制权威；公民包括一些领导干部的宪法意识还有待进一步提高。对这些问题，我们必须高度重视，切实加以解决。"为了保证法律有效实施，必须建立高效的法治实施体系。

完善法治实施体系，最重要的是健全宪法实施机制，提高宪法实施水平和实效。习近平总书记指出："宪法是国家的根本法。法治权威能不能树立起来，首先要看宪法有没有权威。必须把宣传和树立宪法权威作为全面推进依法治国的重大事项抓紧抓好，切实在宪法实施和监督上下功夫。"为此，党的十八届四中全会《决定》提出了一系列保障宪法实施的措施，包括：完善全国人大及其常委会宪法监督制度，健全宪法解释程序机制；加强备案审查制度和能力建设，依法撤销和纠正违宪违法的规范性文件；将每年12月4日定为国家宪法日；建立宪法宣誓制度等。法治实施体系的核心是执法和司法，党的十八届四中全会对严格、高效、公正、公开执法和司法提出了明确要求，并有的放矢地提出了推进执法体制改革和司法体制改革的一系列举措。党的十九大进一步把加强宪法实施和监督作为深化依法治国实践的首要任务，把"推进合宪性审查工作"作为维护宪法权威、加强宪法实施和监督的重要抓手。习近平总书记在中央全面依法治国委员会第一次会议上把"全面贯彻实施宪法"作为党和国家政治生活的一件大事，作为全面依法治国的重点工作，强调要加强宪法实施和监督。为了保证宪法实施，还必须面向公众开展宪法宣传教育活动，在全社会弘扬宪法精神，树立宪法权威、认真践行宪法。要积极回应新时代人民在人权保障、产权保护、社会公正等方面对宪法的新需要和对宪法实施的新要求，积极开展保证宪法实施的理论、制度和实践研究，开展合宪性审查的基础理论和基本制度的研究，特别是要在坚持党的领导、坚持人民代表大会制度、贯彻中国特色社会主义法治理论的前提下，以问题为导向，以创新为抓手，对合宪性审查的原理、机制、程序等问题进行深入研究和比较研究，推进宪法实施水平提升。

三、形成严密的法治监督体系

法治监督是指对法律实施情况的监督。我国现实的法治监督存在诸多突出问题，如监督目的不清晰、监督范围不明确、监督程序不健全、监督手段和方式不足、监督机制不完善；监督法治化、体系化、常态化程度较低，致使各种监督方式之间缺乏协同性；监督的权威性和执行力不高，许多监督裁决被束之高阁；监督机构和监督人员也存在不敢监督、不愿监督、不会监督的问题。针对这些状况，要建立由党内监督、人大监督、民主监督、行政监督、司法监督、审计监督、社会监督、舆论监督构成的更加严密的监督体系，形成强大的监督合力，同时要着力推进监督工作规范化、程序化、制度化，形成对法治运行全过程全方位的法治化监督体系，督促科学立法、严格执法、公正司法、全民守法的实现，确保党和国家机关及其工作人员按照法定权限和程序正确行使权力，真正做到法定职责必须为、法无授权不可为。

制定监察法、在全国范围内组建监察委员会，就是形成严密的法治监督体系的重大举措。权力必须受到制约和监督。在我国，党的机关、人大机关、行政机关、政协机关、监察机关、审判机关、检察机关等，都在党中央统一领导下行使公权力，为人民用权，对人民负责，受人民监督。在我国监督体系中，党内监督和国家监察发挥着十分重要的作用。党内监督是对全体党员尤其是对党员干部实行的监督，国家监察是对所有行使公权力的公职人员实行的监督。我国80%的公务员和超过95%的领导干部是共产党员，这就决定了党内监督和国家监察具有高度的内在一致性，也决定了将党内监督和国家监察统筹推进实施的必然性。这种把二者有机统一起来的监督制度具有鲜明的中国特色。党的十八大以来，党中央坚持全面从严治党，在加大反腐败力度的同时，完善党章党规，实现依规治党，取得历史性成就。完善我国监督体系，既要加强党内监督，又要加强国家监察。深化国家监察体制改革，成立国家监察委员会和地方各级监察委员会，并与党的纪律检查机关合署办公，代表党和国家行使监督权和监察权，履行纪检、监察两项职责，加强对所有行使公权力的公职人员的监督，从而在我们党和国家形成巡视、派驻、监察三个全覆盖的统一的权力监督格局，形成发现问题、纠正偏差、惩治腐败的有效机制，为实现党和国家长治久安走出了一条中国特色监察道路。同时要看到，这次监察体制改革确立的监察制度，是对中国历史上监察制度的一种借鉴，也是对当今权力制约形式的一个新探索，对有力保证依规治党与依法治国、党内监督与国家监察有机统一，将党内监督同国家机关监督、民主监督、司法监督、群众监督、舆论监督贯通起来，不断提高党和国家的监督效能具有极大的促进作用。

四、形成有力的法治保障体系

法治保障体系是个新概念，就宏观目标而言，法治保障体系包括政治保障、制度保障、思想保障、组织保障、运行保障等。坚持党的领导，把党的领导贯穿于依法治国各领域全过程，是社会主义法治的政治保障，保障社会主义法治的正确政治方向；坚持中国特色社会主义制度是社会主义法治的制度保障，保障社会主义法治立足于社会主义基本经济制度和民主政治制度的基础上；贯彻习近平新时代中国特色社会主义思想，尤其是关于全面依法治国的新理念新思想新战略，是社会主义法治的思想保障，保障社会主义法治的科学发展；建设素质过硬的法治工作队伍、加强政法系统基层党组织建设是社会主义法治的组织和人才保障，保障法治的尊严、权威和有效实施；建立科学的法治建设指标体系和考核标准并有效实施是社会主义法治的运行保障，保障全面推进依法治国各项任务的细化和落实。继党的十八届三中全会提出建立科学的法治建设指标体系和考核标准之后，四中全会《决定》再次明确"把法治建设成效作为衡量各级领导班子和领导干部工作实绩重要内容，纳入政绩考核指标体系。把能不能遵守法律、依法办事作为考察干部重要内容"。在全面推进依法治国的过程中，必须抓住领导干部这个"关键少数"，严格要求各级领导干部做尊法学法守法用法的模范，提高运用法治思维和法治方式的能力，努力以法治凝聚改革共识、规范发展行为、促进矛盾化解、保障社会和谐；牢固树立宪法法律至上、法律面前人人平等、权由法定、权依法使等基本法治观念，彻底摒弃人治思想和长官意志，做到在法治之下而不是法治之外，更不是法治之上想问题、作决策、办事情，决不搞以言代法、以权压法；努力营造办事依法、遇事找法、解决问题用法、化解矛盾靠法的法治环境。可以预期，随着法治建设指标体系和考核标准体系的形成，法治保障体系的执行力必将增强。

五、形成完善的党内法规体系

依法执政、依法治国，不仅要有完善的国家法律体系，而且必须要有健全的党内法规体系。习近平总书记指出："党内法规既是管党治党的重要依据，也是建设社会主义法治国家的有力保障。党章是最根本的党内法规，全党必须一体严格遵行。完善党内法规制定体制机制，加大党内法规备案审查和解释力度，形成配套完备的党内法规制度体系。注重党内法规同国家法律的衔接和协调，提高党内法规执行力，运用党内法规把党要管党、从严治党落到实处，促进党员、干部带头遵守国家法律法规。"

党内法规是党的中央组织以及中央纪律检查委员会、中央各部门和省、自治区、直辖市党委制定的规范党组织的工作、活动和党员行为的党内规章制度的总称。根据党的十八届四中全会和六中全会精神，要按照全面推进依法治国和依规管党治党的总体部署，以"宪法为上、党章为本"为基本原则，全面建成内容科学、程序严密、配套完备、运行有效的党内法规制度体系。加强党内法规制度建设是全面从严治党的长远之策、根本之策。我们党要履行好执政兴国的重大历史使命、赢得许多具有新的历史特点的伟大斗争胜利、实现党和国家的长治久安，必须坚持依法治国与制度治党、依规治党统筹推进、一体建设。要认真贯彻落实《中共中央关于加强党内法规制度建设的意见》，以改革创新精神加快补齐党建方面的法规制度短板，力争到建党一百周年时形成比较完善的党内法规制度体系，为提高党的执政能力和领导水平、推进国家治理体系和治理能力现代化、实现中华民族伟大复兴的中国梦提供有力的制度保障。

党内法规从功能作用上分为两类，一类仅适用于党内，规范党员行为和党组织活动，调整党内各种关系，例如，《中国共产党纪律处分条例》；另一类不只适用于党内，还主要用以调整党委与立法机关、政法机关、人民团体的关系。例如，有关加强党对立法工作的领导的规范性文件，调整的是党中央与全国人大及其常委会、有立法权的地方的党委与立法机构的关系，确保党对立法工作的领导，确保法律法规充分体现党的路线方针政策、体现人民的意志和利益。党中央制定的规章制度既是党依法执政的基本遵循，也是党治国理政的根本保障，因而是中国特色社会主义法治体系的重要组成部分。

除了上述五个方面，中国特色社会主义法治体系还包括形式多样、内容丰富的社会规范体系，有的法学家称其为"软法"。正如习近平总书记所指出的："加快完善法律、行政法规、地方性法规体系，完善包括市民公约、乡规民约、行业规章、团体章程在内的社会规范体系，为全面推进依法治国提供基本遵循"。

中国特色社会主义法治体系也是由各个分支领域的法治体系构成的，例如，中国特色社会主义经济法治体系、政治法治体系、文化法治体系、社会法治体系、生态法治体系、军事法治体系、国家安全法治体系、国际法治体系等。所以，建设中国特色社会主义法治体系要宏观、中观、微观各个层面一齐推进。

第三节　新时代建设社会主义法治国家的基本任务

与建设中国特色社会主义法治体系并行的是建设社会主义法治

国家。党的十五大提出依法治国，建设社会主义法治国家。此后，建设社会主义法治国家的目标先后写入党章和宪法，成为党和国家的行动纲领。20年来，社会主义法治国家的内涵越来越丰富、越来越清晰，法治国家属于政治文明范畴，以依法执政、人民主权、依法而治、宪法至上、制约权力、保障人权、正当程序等为核心内容和基本标志。党的十九大进一步把建设社会主义法治国家纳入全面建设社会主义现代化国家的总目标、总任务之中，为法治国家确定了更高标准，为建设社会主义法治国家、促进社会主义政治文明提出了新的目标定位和基本遵循。

建设社会主义法治国家的基本任务包括：科学立法、严格执法、公正司法、全民守法、人才强法。党的十八届四中全会《决定》就是按照这五项基本任务部署全面推进依法治国的。其中，科学立法是全面推进依法治国的前提，严格执法是全面推进依法治国的关键，公正司法是全面推进依法治国的重点，全民守法是全面推进依法治国的基础，人才强法是全面推进依法治国的保障。

一、科学立法

建设社会主义法治国家，科学立法是前提。强调科学立法，是为了突出提高立法质量。正如习近平总书记在十八届中央政治局第四次集体学习时的讲话中所指出的："人民群众对立法的期盼，已经不是有没有，而是好不好、管用不管用、能不能解决实际问题；不是什么法都能治国，不是什么法都能治好国；越是强调法治，越是要提高立法质量。"提高立法质量，关键在于：一要尊重和体现

全面依法治国　　　　　　　　　（新华社发　陈聪颖／作）

经济、政治、文化、社会、生态文明建设和发展客观规律，使法律
准确适应改革发展稳定需要，积极回应人民期待，更好协调利益
关系；二要坚持问题导向，切实提高法律的针对性、及时性、系统
性、协调性，发挥立法凝聚共识、统一意志、引领公众、推动发展
的作用；三要注重增强法律的可执行性和可操作性，努力使每一项
立法都符合宪法精神、反映人民意愿、得到人民拥护，使法律法规
立得住、行得通、切实管用；四要坚持立改废释并举，全方位推进
立法工作；五要坚持科学立法、民主立法、依法立法，完善立法体
制和程序，提高立法效率，维护宪法权威和法制统一。

二、严格执法

习近平总书记指出："法律的生命力在于实施，法律的权威也
在于实施。'法令行则国治，法令弛则国乱。'各级国家行政机关、

审判机关、检察机关是法律实施的重要主体，必须担负法律实施的法定职责，坚决纠正有法不依、执法不严、违法不究现象，坚决整治以权谋私、以权压法、徇私枉法问题，严禁侵犯群众合法权益。"现实生活中出现的很多问题，往往同执法失之于宽、失之于松有很大关系。有的政法干警执法随意性大，粗放执法、变通执法、越权执法比较突出，要么有案不立、有罪不究，要么违规立案、越权管辖；有的刑讯逼供、滥用强制措施；有的办关系案、人情案、金钱案，甚至徇私舞弊、贪赃枉法；等等。对违法行为必须严格尺度、依法处理、不能迁就。否则，就会产生"破窗效应"。

三、公正司法

公正是法治的生命线。司法是维护社会公平正义的最后一道防线。所以，司法必须公正。所谓公正司法，就是受到侵害的权利一定会得到保护和救济，违法犯罪活动一定要受到制裁和惩罚，人民群众在每一个司法案件中都能感受到公平正义。如果人民群众通过司法程序不能保障自己的合法权利，法律就没有公信力，人民群众也不会相信法律。司法是定分止争的最后一道防线，所以，司法必须公正。如果司法不公、人心不服，不仅难以定分止争、化解矛盾，甚至可能激化和聚集矛盾。司法还是维护法律尊严和权威的最后一道防线。要发挥维护法律尊严和权威的作用，司法必须公正、公开、公平，司法机关必须有足够的尊严和权威、有极高的公信力。为此，应当深化司法改革，确保司法机关依法独立公正行使职权，确保司法公正高效廉洁，切实有效地提高司法公信力。

四、全民守法

全面推进依法治国，建设法治中国，必须坚持全民守法。全民守法，就是全国各族人民、一切国家机关和武装力量、各政党和各社会团体、各企业事业组织，都必须以宪法和法律为根本活动准则，并负有维护宪法和法律尊严、保证宪法和法律实施的职责。任何组织或者个人，都不得有超越宪法和法律的特权。一切违反宪法和法律的行为，都必须予以追究。任何公民、社会组织、国家机关、政党（包括执政党），都要依照宪法和法律行使权利或权力、履行义务或职责。在社会转型、矛盾凸显的新形势下，要引导全体人民通过法律程序来合理表达诉求、依法维护权利、文明解决纷争；要努力培育社会主义法治文化，在全社会形成尊法学法守法用法的良好氛围。

五、人才强法

在中央全面依法治国委员会第一次会议上，习近平总书记将党的十八大以来全面依法治国的指导思想、发展道路、工作布局、重点任务总结为"十个坚持"。其中，"坚持建设德才兼备的高素质法治工作队伍"是重要内容。全面推进依法治国，必须大力提高法治工作队伍思想政治素质、业务工作能力、职业道德水准，着力建设一支忠于党、忠于国家、忠于人民、忠于法律的社会主义法治工作队伍。要加强理想信念教育，深入开展社会主义核心价值观和社会主义法治理念教育。要推进法治专门队伍正规化、专业化、职业化，提高职业素养和专业水平。要坚持立德树人、德法兼修，创新法治人才培养机制，努力培养造就一大批高素质法治人才及后备力量。要加强法治工作队伍建设和法治人才培养。法治工作是政治性很强的业务工作，也是业务性很强的政治工作。要发挥国家统一法律职业资格考试指挥棒作用，把好法律职业入口关。要加强法治专门队伍教育培训，确保立法、执法、司法工作者信念过硬、政治过硬、责任过硬、能力过硬、作风过硬。高校是法治人才培养第一阵地，思想政治教育特别是法治教育要坚持党的教育方针，坚持立德树人，解决好为谁教、教什么、教给谁、怎样教的问题，更好发挥法学教育基础性、先导性作用，提高法治人才培养质量。

[延伸阅读]

法制与法治

法制与法治是密切联系的，都是一定社会经济基础的上层建筑，都为其赖以存在的经济基础服务，都与民主相联系，以民主为基础。二者也存在明显的差别。法制一般理解为法律制度，是指一个国家的法律规范以及借此建立起来的各项制度；法治既包含法制，同时更重视法律至上、法律面前人人平等等法治理念的作用。"法治国家"相对于"法制国家"来说，更加关注自由、平等、权利、义务、责任等价值，以及旨在营造有利于各项法律制度有效运行的法治环境和法治文化。从"法制国家"到"法治国家"提法的转变，标志着社会主义法治理念的进一步提升。

——中共中央组织部干部教育局、中国法学会研究部：《领导干部法治读本》，党建读物出版社2016年版，第10页

本章小结

全面依法治国总目标的提出既为全面依法治国指明了前进方向和路线，也为全面依法治国找准了"总抓手""牛鼻子"。以建设社会主义法治国家、建设中国特色社会主义法治体系为总目标并根据总目标来规划法治中国建设的布局和重大任务，必将使全面依法治国呈现良好局面。

【思考题】

1. 全面依法治国的总目标是什么？

2. 建设中国特色社会主义法治体系的基本任务是什么？

第二章

加强宪法实施和监督　维护宪法权威

　　宪法是立国之法宝、强国之重器，治国安邦的总章程、治国理政的总规矩。中国特色社会主义进入新时代，必须更加注重发挥宪法的作用，维护宪法尊严，保证宪法实施，养成尊崇宪法、遵守宪法、维护宪法的习惯与文化，使宪法和法律成为人们普遍遵守的行为规范，树立和维护宪法在国家和社会生活中的法律权威，把实施宪法提高到新水平。

第一节　宪法是国家的根本法

　　宪法是国家的根本法，是治国安邦的总章程，是国家各项制度和法律法规的总依据，全面推进依法治国必须发挥宪法作为根本法的作用。

一、我国宪法的主要特征

我国宪法以国家根本法的形式确立了社会主义根本制度，确认了中国共产党的领导地位，确立了人民民主专政的国体和人民代表大会制度的政体，确立了中国特色社会主义发展成果，确定了国家的根本任务、领导核心、指导思想、发展道路、奋斗目标，是党的主张和人民意志相统一的宪法表达。与宪法精神相适应，我国宪法具有以下特征。

中华人民共和国宪法

普遍性与特殊性。宪法作为人类政治文明的重要成果，有许多普遍概念和一般性特征。例如，成文宪法通常使用国家、主权、民主、法治、自由、平等、人权、政府、选举、监督等概念，规定保障人权、维护主权、规范公权、构建政府、法律效力等内容。我国宪法从国情出发，同时借鉴世界各国的有益经验，既具有宪法的一般特征，也具有鲜明的中国特色。比如，我国宪法明确规定了国家的指导思想、国家根本任务、发展道路、奋斗目标等。十三届全国人大一次会议通过的宪法修正案又对指导思想、根本任务、发展道路作了进一步的修改和明确。整体而言，我国宪法是立足中国国情并借鉴国外经验的产物，体现了普遍性与特殊性的统一。

政治性与法律性。我国宪法作为治国安邦的总章程和国家根本法，兼具政治性和法律性。作为国家的总章程，宪法是立国安邦、强国发展、长治久安的总纲领。它记载了近代以来中华民族为实现伟大复兴而奋斗的光辉历史，宣示了党领导人民进行革命、建设和改革取得的伟大成就，阐述了国家的核心价值、指导思想和基本原则，宣告了国家的基本路线、大政方针和奋斗目标，确立了国家的制度体系和权力架构，规定了人民与国家、中央与地方、公民基本权利与义务等重大关系，具有鲜明的政治性、引领性和宣示性。同时，作为根本法，宪法是科学立法、严格执法、公正司法和全民守法的基础和依据，具有最高的法律地位、法律权威、法律效力。2018 年宪法修改完善了宪法实施和依法治国的重大举措，强化了我国宪法的法律属性。总章程与根本法相结合，政治性与法律性相融合，宣示性与规范性相统一，是我国宪法的一个显著特点。

民主性与科学性。我国宪法充分发扬民主、反映人民共同意志和根本利益。宪法以国家根本大法的形式确认了我国的政体是人民代表大会制度，体现了人民代表大会制度是我国人民当家作主的根本途径和最高实现形式，是中国共产党在国家政权中充分发扬民主、贯彻群众路线的最好实现形式，是坚持党的领导、人民当家作主、依法治国有机统一的重要制度载体，是中国特色社会主义制度的重要组成部分。毛泽东同志说过，搞宪法就是搞科学。我国宪法秉持实事求是的科学精神，遵循制宪、行宪、修宪的立法技术和法定程序，反映了人类法治文明的基本价值和宪法的一般规律，贯彻了人民当家作主的民主原则，是一部兼具民主性与科学性的宪法。

稳定性与变动性。宪法是国家大厦的"四梁八柱"。宪法稳则国家稳，宪法强则国家强。但宪法又不是僵死的教条，必须随着国家和经济社会的发展而发展。宪法具有稳定性与变动性，是我国革命、建设、改革不同时期的阶段性特征在宪法上的必然反映，是统筹改革发展稳定动态关系、协调改革与法治互动关系在宪法上的集中体现。改革开放初期，我们"摸着石头过河"，一些改革探索突破了宪法法律的规定。对此，法学界提出了"良性违法""良性违宪"的概念。如果说，在过去某个特定时期的具体条件下，改革"良性违宪违法"有其必然性，那么在全面依法治国新时代，应当严格遵循"在法治下推进改革，在改革中完善法治"的原则，正确处理改革与法治的关系，既要坚持重大改革于法有据，也要坚持重大改革于宪有据，避免改革与宪法脱节。

民族性与世界性。中华民族有着深厚文化传统，中华文明延续着我们国家和民族的精神血脉。宪法确认中国各族人民共同创造了光辉灿烂的文化，共同缔造了统一的多民族国家。宪法体现了中华文化的优良传统和中华民族的共同意志，具有鲜明的民族性，是维护国家统一、民族团结、实现中华民族伟大复兴中国梦的根本法。宪法还明确规定了坚持独立自主的对外政策，坚持和平共处五项原则，反对帝国主义、霸权主义、殖民主义等内容，这是其包含的国际主义精神。因此，我国宪法是民族性与世界性的统一。2018年宪法修改充实完善爱国统一战线和民族关系的内容，有利于让中国梦的实现获得强大持久广泛的力量支持，有利于筑牢中华民族共同体意识，加强各民族交往交流交融，促进各民族和睦相处、和衷共济、和谐发展。将"坚持和平发展道路，坚持互利共赢开放战略""推动构建人类命运共同体"写入宪法，有利于为我国发展拓展广阔的空间、营造良好的外部环境，为维护世界和平、促进共同发展作出更大贡献。

二、我国宪法的基本精神

坚持中国特色社会主义。中国特色社会主义是改革开放以来党的全部理论和实践的主题。我国宪法坚持中国特色社会主义，以国家根本法的形式确立了中国特色社会主义道路、理论、制度、文化的发展成果，显示了社会主义在中国实践中的强大生命力。进入新时代，我国宪法修改完善，进一步展示了中国特色社会主义的道路自信、理论自信、制度自信和文化自信，进一步增强了全党全国各族人民的宪法自信。

坚持中国共产党领导。我国宪法明确规定"中国共产党领导是中国特色社会主义最本质的特征"。从历史、现实和未来三个维度，确立了中国共产党领导核心的宪法地位。坚持党的领导，是历史和人民的必然选择，是中华民族站起来、富起来和强起来的必然要求，是由中华民族伟大复兴崇高目标和国家根本任务决定的。我国宪法以根本法的形式反映了党带领人民进行革命、建设、改革取得的成果，确立了中国共产党的领导地位。任何人以任何借口否定中国共产党领导和我国社会主义制度，都是错误的、有害的，都是违反宪法的，都是绝对不能接受的。

坚持以人民为中心。人民是历史的创造者，人民是国家的主人。我国宪法是充分保障人民权利、实现人民当家作主的宪法，是不折不扣的人民的宪法。宪法明确规定，中华人民共和国的一切权力属于人民。这是人民当家作主的根本法律保障，主要体现在四个方面：人民通过人民代表大会制度，掌握和行使国家权力；人民依照宪法和法律规定，通过各种途径和形式，管理国家事务，管理经济和文化事业，管理社会事务；实行基层直接民主、群众自治，实行自我管理、自我教育、自我服务、民主监督；公民在法律面前一律平等，依法享有权利，切实履行义务。

坚持民主集中制原则。民主集中制原则体现了人民当家作主的根本要求，是我国国家机构的组织与活动原则。我国宪法坚持党中央的统一领导，国家机构实行民主集中制原则，坚持民主与集中、民主与法治、代议民主与协商民主、直接民主与间接民主、人民民主与党内民主等相互配合、相辅相成，既充分发扬民主，又集中力量办大事，从体制上破解了"民主与效率不可兼得"的难题，充分体现了我国宪法的制度特色和效率优势。

坚持全面依法治国。坚持和推进全面依法治国，是坚持和发展中国特色社会主义的本质要求和重要保障。我国宪法确立了社会主义法治的基本原则，明确规定中华人民共和国实行依法治国，建设社会主义法治国家。国家维护社会主义法制的统一和尊严。规定任何组织或者个人都不得有超越宪法和法律的特权。规定不同国家机构的职权范围，保证国家的立法、行政、司法等公权力在宪法框架下和法治轨道上有序运行。

坚持和平发展道路。世界离不开中国，中国也离不开世界，中国的前途是同世界的前途紧密地联系在一起的。我国现行宪法明确规定，中国坚持独立自主的对外政策，坚持互相尊重主权和领土完整、互不侵犯、互不干涉内政、平等互利、和平共处的五项原则，坚持和平发展道路，坚持互利共赢开放战略，发展同各国的外交关系和经济、文化交流，推动构建人类命运共同体；坚持反对帝国主义、霸权主义、殖民主义，加强同世界各国人民的团结，支持被压迫民族和发展中国家争取和维护民族独立、发展民族经济的正义斗争，为维护世界和平和促进人类进步事业而努力。

三、我国宪法的主要内容

（一）宪法确认了中国共产党的领导地位和国家指导思想

宪法以国家根本法的形式，确认了党带领人民进行革命、建设、改革取得的成果，确立了在历史和人民选择中形成的党的领导地位和领导核心。坚持党的领导，是中华民族长期奋斗历史逻辑、理论逻辑、实践逻辑的必然结果，是我国宪法历史基因、民族血脉、政治灵魂的集中体现。

我国宪法确立了党的指导思想作为国家指导思想的根本法地位，是国家富强、人民幸福、民族复兴的思想基础、理论支撑和行动指南。通过国家根本法形式，将党的指导思想转化为国家意志，上升为宪法指导思想，反映了最广大人民的根本利益和共同意志。现行宪法的几次修改，推动了宪法指导思想的与时俱进。习近平新时代中国特色社会主义思想是马克思主义中国化最新成果，是当代中国的马克思主义、21 世纪的马克思主义，是党和国家必须长期坚持的指导思想，同时也是我国宪法指导思想的最新发展。

（二）宪法确定了国家的根本任务、发展道路和奋斗目标

宪法明确宣告：我国将长期处于社会主义初级阶段。国家的根本任务是，沿着中国特色社会主义道路，集中力量进行社会主义现代化建设。奋斗目标是"逐步实现工业、农业、国防和科学技术的现代化，推动物质文明、政治文明、精神文明、社会文明、生态文明协调发展，把我国建设成为富强民主文明和谐美丽的社会主义现代化强国，实现中华民族伟大复兴"。这把我们党提出的经济建设、政治建设、文化建设、社会建设、生态文明建设"五位一体"总体布局，创新、协调、绿色、开放、共享的新发展理念，到2020 年全面建成小康社会、到 2035 年基本实现社会主义现代化、到本世纪中叶建成社会主义现代化强国，实现中华民族伟大复兴

等重大内容纳入宪法基本内容，转化为国家最高意志，上升为国家根本法。

（三）宪法确立了国家的国体和政体

国体是指社会各阶级在国家中的地位。宪法作为国家根本法和统治阶级意志的集中体现，首要任务必须明确国家的性质，规定各阶级在国家中的地位。宪法《总纲》第一条开宗明义地规定：我国"是工人阶级领导的、以工农联盟为基础的人民民主专政的社会主义国家"，明确规定人民民主专政是我国的国体。人民民主专政是无产阶级专政的一种形式。现行宪法序言明确提出"工人阶级领导的、以工农联盟为基础的人民民主专政，实质上即无产阶级专政"。由此表明，人民民主专政是无产阶级专政在我国特定历史条件下的具体体现。虽然现行宪法确认人民民主专政实质上是无产阶级专政，但并不意味着二者完全等同。作为无产阶级专政的一种形式，表述为"人民民主专政"比"无产阶级专政"更适合我国国情，能够更确切地表明我国社会的阶级状况和政权的广泛基础，体现国家政权的民主性质和特色。2018年宪法修改将"中国共产党领导是中国特色社会主义最本质的特征"写进国体条款，使宪法更加清晰地体现了国家性质。

政体是国家政权的组织形式。人民代表大会制度是我国的政体，是人民当家作主的根本途径和最高实现形式，是国家制度体系的重要组成部分，也是支撑国家治理体系和治理能力的根本政治制度。邓小平同志说过："我们实行的就是全国人民代表大会一院制，这最符合中国实际。如果政策正确，方向正确，这种体制益处很大，很有助于国家的兴旺发达，避免很多牵扯。"新中国成立70年的历史实践充分证明，人民代表大会制度是符合中国国情和实际、体现社会主义国家性质、保证人民当家作主、保障实现中华民族伟大复兴的好制度。人民代表大会制度是坚持党的领导、人民当家作主、依法治国有机统一的根本政治制度安排，必须长期坚持、不断完善和发展。

长期以来，人大选举产生"一府两院"是我国基本政权组织形式。但在 2018 年宪法修改以后，我国的政权组织形式发生了重大改变。具体而言，就是此次修宪专门在第三章增写《监察委员会》一节，确立监察委员会作为国家机构的法律地位。这是以习近平同志为核心的党中央审时度势作出的重大战略决策，必将为加强党对反腐败工作的统一领导，建立集中统一、权威高效的国家监察体系，实现对所有行使公权力的公职人员监察全覆盖，奠定坚实宪法基础、产生重大深远影响。

（四）国家尊重和保障人权

我国宪法不仅专章规定了公民的基本权利和义务，而且以修正案形式把"国家尊重和保障人权"载入宪法，使之成为一项重要的宪法原则。人权入宪的法治意义在于，国家通过尊重和保障人权，把抽象的人民概念转变为具体的公民主体，把笼统的人民幸福落实到具体的法定权利，使人民幸福、人民利益得到具体化落实和法治化保障。党的十九大提出："加强人权法治保障，保证人民依法享有广泛权利和自由。"习近平总书记强调："我们要依法保障全体公民享有广泛的权利，保障公民的人身权、财产权、基本政治权利等各项权利不受侵犯，保证公民的经济、文化、社会等各方面权利得到落实"。以宪法确认国家尊重和保障人权，以法治落实人权保障，是我们党不忘初心和坚持社会主义制度的必然要求，是坚持以人民为中心的法治化体现。

（五）宪法确立了国家的基本制度体系

我国宪法在确认社会主义制度是国家根本制度的基础上，确立了国家制度体系。这个制度体系包括：人民代表大会制度的根本政治制度，中国共产党领导的多党合作和政治协商制度、民族区域自治制度以及基层群众自治制度等基本政治制度，中国特色社会主义法律体系，公有制为主体、多种所有制经济共同发展的基本经济制度，以及建立在这些制度基础上的经济体制、政治体制、文化体制、社会体制、"一国两制"等。宪法确立的国家制度体系，是党领导和支持人民当家作主的基本制度框架和根本制度保障，是中国特色社会主义民主制度化、宪法化和国家治理体制现代化的集中体现。

第二节　我国宪法的制定和修改

宪法与国家前途、民族命运息息相关。我国宪法同党和人民进行的艰苦奋斗与创造的辉煌成就紧密相连，同党和人民开辟的前进道路与积累的宝贵经验紧密相连，同中华民族的复兴之路紧密相连。实践证明，我国现行宪法是符合国情、符合实际、符合时代发展要求的好宪法，是充分体现党和人民共同意志、充分保障人民民主权利、充分维护人民根本利益的好宪法，是推动国家发展进步、维护民族和谐团结、保证人民创造幸福生活、实现中华民族伟大复兴的好宪法，是我们国家和人民经受住各种困难和风险考验、始终沿着中国特色社会主义道路前进的根本法治保障，必须全面贯彻、长期坚持。

一、我国宪法的制定历程

1840 年鸦片战争后，中国逐渐沦为半殖民地半封建社会。为了改变国家和民族的苦难命运，实现中华民族伟大复兴，中国尝试过君主立宪制、帝制复辟、议会制、多党制、总统制等各种宪制形式，经历了从清末的"十九信条"起，到民国元年的《中华民国临时约法》，到北洋军阀政府的几个宪法和宪法草案，到国民党政府的《中华民国训政时期约法》和《中华民国宪法》。各种政治势力及其代表人物借制宪行宪之名，你方唱罢我登场，城头变幻大王旗。但他们都没能找到解决中国问题、实现民族复兴的正确答案和根本出路，中国依然是山河破碎、积贫积弱，列强依然在中国横行霸道、攫取利益，中国人民依然生活在苦难和屈辱之中。

1921 年，中国共产党应运而生。从此，中国人民谋求民族独立、人民解放和国家富强、人民幸福的斗争就有了主心骨，中国人民就从精神上由被动转为主动。自成立之日起，中国共产党就以实现中华民族伟大复兴为己任，在领导人民进行新民主主义革命和社会主义建设的伟大斗争中，不断探索和开辟人民宪制建设和社会主义法治的中国道路。

1927 年，党领导人民创建革命根据地，建立了工农民主的苏维埃政权。1931 年，革命根据地准备制定宪法大纲，党中央提出了实现代表广大民众的真正的民权主义；实现劳动群众自己的政权；实现妇女解放；实现民族自决；争取并且确立中国经济上、政治上真正的解放；实行工农民权的革命专政；拥护工人利益，实行土地革命，消灭一切封建残余等制宪的七大原则。这些原则在1931年11月江西瑞金召开的中华苏维埃第一次全国代表大会通过的《中华苏维埃共和国宪法大纲》（以下简称《宪法大纲》）中，得到了充分体现。《宪法大纲》是党领导的革命根据地政权制定和公布施行的第一个宪法性文件，具有划时代的历史意义。

抗日战争爆发后，党领导的抗日民主根据地高度重视并积极推进人民民主宪制建设。抗日根据地政权制定了《中共晋察冀边委目前施政纲领》《晋冀鲁豫边区政府施政纲领》《陕甘宁边区施政纲领》等宪法性文件。这些宪法性文件，对于促进抗日民主根据地的民主政治建设、保障人民的权利、动员社会各方面力量抗击日本侵略者，发挥了重要作用。

抗战胜利后，1946年4月陕甘宁边区第三届参议会第一次大会通过了《陕甘宁边区宪法原则》，明确规定在陕甘宁边区的三级政权实行人民代表会议制度，规定了人民政权的组织形式、人民享有的各项权利，确立了民族平等、男女平等的原则，并首次规定了人民司法原则。

新民主主义革命时期根据地法制建设和宪制实践的成功经验，为新中国成立后我们党领导人民建设新法制、制定新宪法，奠定了重要基础。

1949年中华人民共和国成立，标志着中国人民从此站起来了。人民成为新国家、新社会的主人。新国家、新社会需要新宪法。1949年2月，中共中央发布《关于废除国民党〈六法全书〉和确定解放区司法原则的指示》，为成立新中国、制定新宪法、实行新法制扫清了政治障碍。1949年9月29日，中国人民政治协商会议第一届全体会议通过了《中国人民政治协商会议共同纲领》。这个共同纲领总结了过去革命的经验，特别是人民革命根据地的经验，宣告了中华人民共和国的成立，确定了新中国应当实行的各方面的基本政策，起了临时宪法的作用。

1953年1月，中央人民政府委员会第二十次会议通过《关于召开全国人民代表大会及地方各级人民代表大会的决议》，决定成立以毛泽东为主席的中华人民共和国宪法起草委员会，负责宪法起草工作。1954年3月，毛泽东同志向宪法起草委员会提交了中共中央拟定的宪法草案初稿，经过多次修改，于1954年6月将宪法草案向全国公布，交付全国人民讨论。经过全国人民的讨论，宪法草案最终形成，提交1954年9月15日召开的一届全国人大一次会议审议。9月20日，会议全票通过《中华人民共和国宪法》，由主席团公布后实施。

这部宪法因其在1954年颁布，故称其为"五四宪法"。"五四宪法"是新中国第一部社会主义类型的宪法。这部宪法总结了新民主主义革命历史经验和社会主义改造与社会主义建设的经验，规定了国家在过渡时期的总任务，确定了建设社会主义制度的道路和目标，确立了新中国的国体和政体，规定了公民的基本权利和义务，是一部体现社会主义原则和民主原则、得到人民拥护的好宪法。

1954年宪法颁布实施的前几年，我国各级政权基本上都能遵循宪法规定的轨道运行。但后来，党在指导思想上发生"左"的错误，这部宪法没有得到很好实施。到了"文化大革命"时期，宪法实际上成为一纸空文。

第二部宪法于 1975 年 1 月 17 日在四届全国人大一次会议上通过。这部宪法确认了"坚持无产阶级专政下的继续革命"理论，取消了国家主席和人民检察院，大幅减少公民的基本权利和自由，是一部存在严重错误的宪法。

为了适应新时期建设社会主义现代化国家的需要，1978 年 3 月 5 日五届全国人大一次会议上通过了第三部宪法。党的十一届三中全会确定把党的工作中心转移到社会主义现代化建设上来，提出了发展社会主义民主和健全社会主义法制的目标。1980 年 9 月，五届全国人大三次会议根据中共中央的建议，作出《关于修改宪法和成立宪法修改委员会的决议》。经过认真筹备和起草工作，形成并公布了宪法修改草案。经全国人民讨论，全国人大常委会将《中华人民共和国宪法修改草案》提交全国人大审议。

1982 年 12 月 4 日，五届全国人大五次会议正式通过并颁布《中华人民共和国宪法》，即现行宪法。这部宪法通过后，《人民日报》发表社论，对新中国历部宪法作出评价：1954 年宪法，适应了由新民主主义转变为社会主义的过渡时期的需要，保证了这个历史性变革的顺利进行，是一部公认的很好的宪法。1975 年的宪法，产生于十年内乱时期，许多条款是"左"的口号的堆砌。1978 年的宪法，由于受当时历史条件的限制，没有能对"左"的指导思想进行全面的清理，早已同国家政治生活、经济生活的巨大变化不相适应。现在通过的这部宪法，继承和发展了 1954 年宪法的基本原则，吸取了我国历史上法律典籍的精华，参考了大量的外国宪法文献，特别是总结了我国社会主义发展正反两方面的经验，经过两年之久的讨论，包括全民讨论，制定出来的。

二、我国现行宪法的历次修改

宪法必须随着党和国家事业的发展而不断发展，这是我国宪法发展的一个显著特点，也是一条基本规律。现行宪法颁布施行后，根据我国改革开放和社会主义现代化建设的实践和发展，在党中央领导下，全国人大于 1988 年、1993 年、1999 年、2004 年、2018 年先后 5 次对宪法个别条款和部分内容作出必要、也是十分重要的修正，共通过了 52 条宪法修正案。实践表明，我国宪法是随着时代进步、党和人民事业发展而不断发展的，宪法确立的一系列基本制度、原则和规则，确定的一系列大政方针，具有显著优势、坚实基础、强大生命力，必须长期坚持、全面贯彻。

（一）1988 年的宪法修改

改革开放之后，我国私营经济得到一定程度发展。为了适应这种变化，有必要通过宪法修改，确认私营经济的合法地位。1988 年 4 月 12 日，七届全国人大一次会议通过《中华人民共和国宪法修正案》（1988 年），共 2 条。

确认了私营经济存在的合法性。宪法第十一条增加规定："国家允许私营经济在法律规定的范围内存在和发展。私营经济是社会主义公有制经济的补充。国家保护私营经济的合法的权利和利益，对私营经济实行引导、监督和管理。"该条确立了私营经济的法律地位，有利于促进私营经济的发展。

修改了土地政策。宪法第十条第四款修改为："任何组织或者个人不得侵占、买卖或者以其他形式非法转让土地。土地的使用权可以依照法律的规定转让。"该规定明确了土地使用权可以依法转让，有利于土地的合理利用和开发。

（二）1993 年的宪法修改

1992 年，党的十四大确立了邓小平理论在全党的指导地位，把建设有中国特色社会主义理论确定为改革开放的基本方针，其中最突出的是提出建设社会主义市场经济的改革目标。但是，这一目标与宪法原来规定的以计划经济为主、市场调节为辅的经济体制产生了矛盾。为促进社会主义市场经济的发展，进一步推动改革开放，1993 年 3 月 29 日，八届全国人大一次会议通过了《中华人民共和国宪法修正案》（1993 年），共 9 条，主要内容概括为：

明确中国正处在社会主义初级阶段。国家的根本任务是，根据建设有中国特色社会主义的理论，集中力量进行社会主义现代化建设。

明确规定逐步实现工业、农业、国防和科学技术的现代化，把我国建设成为富强、民主、文明的社会主义国家。

确认中国共产党领导的多党合作和政治协商制度将长期存在和发展。

规定国家实行社会主义市场经济。将"国营经济"改为"国有经济"，以适应提高企业自主权的要求。规定"家庭联产承包为主的责任制"的法律地位。

将县、不设区的市、市辖区的人民代表大会每届任期由 3 年改为 5 年，以利于县级以上人大代表选举工作的顺利展开。

（三）1999 年的宪法修改

1997 年，党的十五大肯定了邓小平理论在党和国家生活中的重要历史地位和指导意义，并在党章中将其确立为党的指导思想。在科学总结我国社会主义民主和法制建设经验教训的基础上，党的十五大提出了"依法治国，建设社会主义法治国家"的基本方略。在此背景下，根据党的十五大精神以及社会发展的实际需要，对宪法进行相应修改，势在必行。1999 年 3 月 15 日，九届全国人大二次会议通过了《中华人民共和国宪法修正案》（1999 年），共 6 条，主要内容概括为：

明确了邓小平理论在我国社会主义现代化建设中的指导地位，指出我国将长期处于社会主义初级阶段。

确认"依法治国，建设社会主义法治国家"的治国方略。

规定在社会主义初级阶段坚持公有制为主体、多种所有制经济共同发展的基本经济制度，坚持按劳分配为主体、多种分配方式并存的分配制度；确定农村集体经济组织实行家庭承包经营为基础、统分结合的双层经营体制；明确在法律规定范围内的个体经济、私营经济等非公有制经济，是社会主义市场经济的重要组成部分。

将第二十八条中的"反革命的活动"修改为"危害国家安全的犯罪活动"。

（四）2004 年的宪法修改

2002 年 11 月，党的十六大把"三个代表"重要思想同马克思列宁主义、毛泽东思想、邓小平理论一道确立为党的行动指南并写入党章。这是改革开放与社会主义现代化建设新时期党的指导思想的重大发展。为适应改革开放和社会主义现代化建设的发展要求，应根据实践中取得的重要的新经验和新认识，及时依照法定程序对宪法的某些规定进行必要的修正和补充，使宪法反映时代要求、与时俱进。2004 年 3 月 14 日，十届全国人大二次会议通过《中华人民共和国宪法修正案》（2004 年），共 14 条。主要内容概括为：

确认"三个代表"重要思想在国家政治和社会生活中的指导地位；增加推动物质文明、政治文明和精神文明协调发展的内容；将"社会主义事业的建设者"列为爱国统一战线的组成部分。

规定国家为了公共利益的需要，可以依照法律规定对土地实行征收或征用，并给予补偿；明确国家鼓励、支持和引导非公有制经济的发展；公民的合法的私有财产不受侵犯。

在公民权利保障方面，规定国家建立健全同经济发展水平相适应的社会保障制度；国家尊重和保障人权。

在国家机构设置方面，规定国家主席代表中华人民共和国进行国事活动；将乡、民族乡、镇的人民代表大会的任期延长为 5 年。

将有关戒严的规定修改为紧急状态；规定中华人民共和国国歌是《义勇军进行曲》。

三、新时代首次宪法修改

自 2004 年宪法修改以来，党和国家事业又有了许多重要发展变化。特别是党的十八大以来，以习近平同志为核心的党中央团结带领全国各族人民毫不动摇坚持和发展中国特色社会主义，统筹推进"五位一体"总体布局、协调推进"四个全面"战略布局，推进党的建设新的伟大工程，形成一系列治国理政新理念新思想新战略，推动党和国家事业取得历史性成就、发生历史性变革，中国特色社会主义进入了新时代。党的十九大在新的历史起点上对新时代坚持和发展中国特色社会主义作出重大战略部署，提出了一系列重大政治论断，确立了习近平新时代中国特色社会主义思想在全党的指导地位，确定了新的奋斗目标，对党和国家事业发展具有重大指导和引领意义。

2017年9月29日，习近平总书记主持召开中央政治局会议，决定启动宪法修改工作，对宪法适时作出必要修改。2018年1月18日至19日，中国共产党第十九届中央委员会第二次全体会议审议并通过了《中共中央关于修改宪法部分内容的建议》。1月26日，中共中央向全国人大常委会提出《中国共产党中央委员会关于修改宪法部分内容的建议》。1月29日至30日，十二届全国人大常委会召开第三十二次会议，决定将宪法修正案（草案）提请十三届全国人大一次会议审议。2018年3月11日，十三届全国人大一次会议通过了《中华人民共和国宪法修正案》（2018年），共21条。此次宪法修改的内容较多，主要内容包括：

确立科学发展观、习近平新时代中国特色社会主义思想在国家政治和社会生活中的指导地位。将宪法序言第七自然段中"在马克思列宁主义、毛泽东思想、邓小平理论和'三个代表'重要思想指引下"修改为"在马克思列宁主义、毛泽东思想、邓小平理论、'三个代表'重要思想、科学发展观、习近平新时代中国特色社会主义思想指引下"。同时，在"自力更生，艰苦奋斗"前增写"贯彻新发展理念"。

调整充实中国特色社会主义事业总体布局和第二个百年奋斗目标的内容。将宪法序言第七自然段中"推动物质文明、政治文明和精神文明协调发展，把我国建设成为富强、民主、文明的社会主义国家"修改为"推动物质文明、政治文明、精神文明、社会文明、生态文明协调发展，把我国建设成为富强民主文明和谐美丽的社会主义现代化强国，实现中华民族伟大复兴"。与此相适应，在宪法第三章《国家机构》第三节第八十九条第六项"领导和管理经济工作和城乡建设"后面，增加"生态文明建设"的内容。

完善依法治国和宪法实施举措。将宪法序言第七自然段中"健全社会主义法制"修改为"健全社会主义法治"。同时，在宪法第一章《总纲》第二十七条增加一款，作为第三款："国家工作人员就职时应当依照法律规定公开进行宪法宣誓。"此外，为完善全国人大专门委员会的设置，还将宪法第七十条第一款中"全国人民代表大会设立民族委员会、法律委员会、财政经济委员会、教育科学文化卫生委员会、外事委员会、华侨委员会和其他需要设立的专门委员会"修改为"全国人民代表大会设立民族委员会、宪法和法律委员会、财政经济委员会、教育科学文化卫生委员会、外事委员会、华侨委员会和其他需要设立的专门委员会"。

充实完善我国革命和建设发展历程的内容。将宪法序言第十自然段中"在长期的革命和建设过程中"修改为"在长期的革命、建设、改革过程中"；将宪法序言第十二自然段中"中国革命和建设的成就是同世界人民的支持分不开的"修改为"中国革命、建设、改革的成就是同世界人民的支持分不开的"。

充实完善爱国统一战线和民族关系的内容。将宪法序言第十自然段中"包括全体社会主义劳动者、社会主义事业的建设者、拥护社会主义的爱国者和拥护祖国统一的爱国者的广泛的爱国统一战线"修改为"包括全体社会主义劳动者、社会主义事业的建设者、拥护社会主义的爱国者、拥护祖国统一和致力于中华民族伟大复兴的爱国者的广泛的爱国统一战线"。将宪法序言第十一自然段中"平等、团结、互助的社会主义民族关系已经确立，并将继续加强"修改为"平等团结互助和谐的社会主义民族关系已经确立，并将继续加强"。与此相适应，将宪法第一章《总纲》第四条第一款中"维护和发展各民族的平等、团结、互助关系"修改为"维护和发展各民族的平等团结互助和谐关系"。

充实和平外交政策方面的内容。在宪法序言第十二自然段中"中国坚持独立自主的对外政策，坚持互相尊重主权和领土完整、互不侵犯、互不干涉内政、平等互利、和平共处的五项原则"后增加"坚持和平发展道路，坚持互利共赢开放战略"；将"发展同各国的外交关系和经济、文化的交流"修改为"发展同各国的外交关系和经济、文化交流，推动构建人类命运共同体"。

充实坚持和加强中国共产党全面领导的内容。在宪法第一章《总纲》第一条第二款"社会主义制度是中华人民共和国的根本制度"后增写一句，内容为："中国共产党领导是中国特色社会主义最本质的特征。"

增加倡导社会主义核心价值观的内容。将宪法第一章《总纲》第二十四条第二款中"国家提倡爱祖国、爱人民、爱劳动、爱科学、爱社会主义的公德"修改为"国家倡导社会主义核心价值观，提倡爱祖国、爱人民、爱劳动、爱科学、爱社会主义的公德"。

修改国家主席任职方面的有关规定。将宪法第三章《国家机构》第七十九条第三款"中华人民共和国主席、副主席每届任期同全国人民代表大会每届任期相同，连续任职不得超过两届"中"连续任职不得超过两届"删去。

增加设区的市制定地方性法规的规定。在宪法第三章《国家机构》第一百条增加一款，作为第二款："设区的市的人民代表大会和它们的常务委员会，在不同宪法、法律、行政法规和本省、自治区的地方性法规相抵触的前提下，可以依照法律规定制定地方性法规，报本省、自治区人民代表大会常务委员会批准后施行。"

增加有关监察委员会的各项规定。为了贯彻和体现深化国家监察体制改革的精神，为成立监察委员会提供宪法依据，在宪法第三章《国家机构》第六节后增加一节，作为第七节《监察委员会》，就国家监察委员会和地方各级监察委员会的性质、地位、名称、人员组成、任期任届、领导体制、工作机制等作出规定。与此相适应，还对其他相应条款作了修改。

回顾我们党领导的宪法建设史，可以得出这样几点结论。一是制定和实施宪法，推进依法治国，建设法治国家，是实现国家富强、民族振兴、社会进步、人民幸福的必然要求。二是我国现行宪法是在深刻总结我国社会主义革命、建设、改革的成功经验基础上制定和不断完善的，是我们党领导人民长期奋斗历史逻辑、理论逻辑、实践逻辑的必然结果。三是只有中国共产党才能坚持立党为公、执政为民，充分发扬民主，领导人民制定出体现人民意志的宪法，领导人民实施宪法。四是我们党高度重视发挥宪法在治国理政中的重要作用，坚定维护宪法尊严和权威，推动宪法完善和发展，这是我国宪法保持生机活力的根本原因所在。宪法作为上层建筑，一定要适应经济基础的变化而变化。

第三节　加强宪法实施与监督

宪法的生命在于实施，宪法的权威也在于实施。全面贯彻实施宪法是全面依法治国、建设社会主义法治国家的首要任务和基础性工作。党的十九大报告中明确提出："加强宪法实施和监督，推进合宪性审查工作，维护宪法权威。"推进全面依法治国，首先要把宪法摆在突出位置，全面加强宪法实施和监督。

一、我国宪法实施的基本特征

我国现行宪法颁布实施以来，以其至上的法治地位和强大的法治力量，在国家和社会生活中发挥了重要作用。与一些西方国家以司法为中心的宪法实施模式不同，我国宪法实施通过政治和法律两种方式进行。一方面，宪法是最重要的政治法，党的领导是宪法实施的根本政治保障。宪法实施必须坚持党的领导，依靠人民群众的力量，从各方面保证宪法的实施。提高社会各界的宪法观念和宪法意识，促进全国各族人民、一切国家机关和武装力量、各政党和各社会团体、各企业事业组织主动地以宪法为活动准则，在宪法范围内活动，保证宪法的实施，维护宪法权威。另一方面，作为根本法，我国宪法也发挥了法律规范的功能。回顾现行宪法颁布以来的实施情况，其中一个重要的经验就是通过立法来实施宪法。从中国特色社会主义法律体系的形成过程来看，立法机关一直坚持通过完备法律推动宪法实施。因此，党的十八届四中全会《决定》特别强调"使每一项立法都符合宪法精神"。当然，宪法的实施不仅仅是立法机关的职责。根据宪法，所有国家机关都有实施宪法的义务，都必须在宪法的范围内活动。

中国特色社会主义进入新时代，以习近平同志为核心的党中央更加重视贯彻实施宪法在治国安邦和引领全面依法治国中的重要作用，强调宪法是党和人民意志的集中体现，是我们党长期执政的根本法律依据；明确提出坚持依法治国首先要坚持依宪治国，坚持依法执政首先要坚持依宪执政；强调依宪治国、依宪执政同西方所谓"宪政"有着本质区别；强调必须在全社会弘扬宪法精神，坚定宪法自信；明确全面贯彻实施宪法，是建设社会主义法治国家的首要任务和基础性工作，要把保障宪法实施、维护宪法权威摆在全面依法治国更加突出的位置。

党的十八大以来，中央作出了许多重要部署，对贯彻实施宪法和推进全面依法治国，提供了强有力的政治保障。在党中央的统一领导下，贯彻实施宪法和推进全面依法治国取得了一系列显著成就。

第一，加强完善宪法制度方面的立法，以科学立法落实和推进宪法实施。主要包括：制定国家勋章和国家荣誉称号法、国歌法、英雄烈士保护法，设立国家宪法日，建立宪法宣誓制度；修改立法法、地方组织法、选举法、代表法、预算法；依据宪法，授权国务院、最高人民法院、最高人民检察院或者地方、军队等

为迎接 12 月 4 日"国家宪法日"的到来，山东省沂源县悦庄镇中心幼儿园小朋友用玉米、红小豆等作物制作宪法知识宣传画

（新华社发　赵东山／摄）

进行改革试点，涉及国家监察体制改革、行政审批制度改革、农村土地制度改革、金融体制改革、司法体制改革、公务员制度改革、社会保险制度改革、军官制度改革等方面，确保有关改革试点在法治框架内依法有序推进。

第二，加强规范性文件备案审查。落实备案审查衔接联动机制，制定备案审查工作规程，建立全国统一的备案审查信息平台，实行有件必备、有备必审、有错必纠。2017年12月24日，全国人大常委会首次听取备案审查工作报告。五年来，共接受报送备案的规范性文件4778件，对188件行政法规和司法解释逐一进行主动审查，对地方性法规有重点地开展专项审查，认真研究公民、组织提出的1527件审查建议，对审查中发现与法律相抵触或不适当的问题，督促制定机关予以纠正，保证中央令行禁止，保障宪法法律实施，维护国家法制统一。

第三，通过一系列决定、决议，推动和保障宪法贯彻落实。一是通过关于香港特别行政区行政长官普选问题和2016年立法会产生办法的决定，为香港在宪法和法律范围内有序完成行政长官换届选举提供了有力的法律和制度保障。对香港特别行政区基本法第一百零四条作出解释，坚决遏制和反对"港独"行径，捍卫宪法和基本法权威。批准内地和香港在广深港高铁西九龙站设立口岸实施"一地两检"的合作安排，确认有关合作安排符合宪法和香港特别行政区基本法，支持香港融入国家发展大局。依法作出决定，将国歌法列入两个基本法附件三，在香港、澳门特别行政区实施。二是通过关于特赦部分服刑罪犯的决定，在纪念中国人民抗日战争暨世界反法西斯战争胜利70周年之际，特赦部分服刑罪犯。三是通过关于成立辽宁省第十二届人民代表大会第七次会议筹备组的决定，根据宪法精神和有关法律原则，采取创制性办法及时妥善处理辽宁贿选案，维护了宪法和法律权威。

第四，通过推进全面依法治国，有效贯彻实施宪法。立法机关推进科学立法、民主立法、依法立法，立法质量不断提高，以宪法为核心的法律体系不断完善；行政机关坚持依宪行政，推进依法行政和行政体制改革，法治政府建设展现出前所未有的"加速度"；司法机关依宪依法履行职责，深化司法改革，司法公信力显著提升，对维护宪法和法治权威发挥了重要作用；领导干部带头尊法学法守法用法，运用法治思维和法治方式的能力和水平明显提高，全体人民自觉守法，宪法意识和法治权威在全社会逐步树立。

二、保障宪法实施，维护宪法权威

我国宪法以国家根本法的形式，确认了中国特色社会主义道路、理论体系、制度、文化的发展成果，反映了我国各族人民的共同意志和根本利益，是党的主张、人民意志和国家意志的高度统一，是党的指导思想、基本理论、基本路线、基本方略、重大战略决策宪法化的集中体现，是保证党和国家长治久安、进行伟大斗争、建设伟大工程、推进伟大事业、实现伟大梦想的根本法律基础，具有最高法律权威。宪法权威是法治权威的最高体现，是指宪法得到社会普遍认同、自觉遵守、有效维护的理念与理由，尤其体现为宪法对公权力和所有国家生活产生的拘束力和规范力。深化依法治国实践，必须树立和维护宪法的最高权威，维护宪法尊严，保证宪法实施，养成严格崇敬宪法、遵守宪法、维护宪法的习惯与文化，使宪法和法律成为人们普遍遵守的行为规范，这也是建设法治中国必须解决的首要问题。

（一）必须加强党的领导

我国宪法从历史逻辑、理论逻辑和实践逻辑，明确了党的领导是中国近代以来的历史选择、中国人民的政治选择和中华民族的必然选择，确定了中国共产党领导的宪法地位。树立宪法权威，就是树立党领导一切、人民主体地位和国家主权的至上权威；维护宪法权威，就是维护党和人民共同意志的崇高权威；捍卫宪法尊严，就是捍卫党和人民共同意志的神圣尊严；保证宪法实施，就是保证人民根本利益和人民幸福的充分实现。新中国成立以来的历史事实证明，只要我们切实尊重和有效实施宪法，人民当家作主就有保证，党和国家事业就能顺利发展。

树立和维护宪法权威，最重要、最根本的是要加强党对全面依法治国和宪法实施的领导。党的领导是中国特色社会主义最本质的特征，是社会主义法治最根本的保证，是社会主义法治的最大特色和政治优势。党的十九大报告明确要求，必须把党的领导贯彻落实到依法治国全过程和各方面，坚定不移走中国特色社会主义法治道路。坚持党的领导，是社会主义法治的根本要求，是党和国家的根本所在、命脉所在，是全国各族人民的利益所系、幸福所系，是全面推进依法治国的题中应有之义。

树立和维护宪法权威，要加强党对全面依法治国和宪法实施的领导，充分发挥党总揽全局、协调各方的领导核心作用，从体制机制上保证把党的领导贯彻到依法治国全过程和各方面，落实到党领导立法、保证执法、支持司法、带头守法和推进宪法实施的具体实践中。党既要坚持依法治国、依宪治国和依宪执政，自觉在宪法法律范围内活动，又要发挥好党组织和广大党员、干部在依法治国中的先锋模范作用。绝不允许以言代法、以权压法、逐利违法、徇私枉法，一切违反宪法和法律的行为，都必须予以追究。

（二）必须加强宪法实施监督

加强宪法实施监督，有利于加强中国共产党的领导核心地位，维护党的政治权威和宪法权威，巩固党的执政地位和宪制基础，提高党依宪执政和依法执政的能力和水平；有利于坚持和完善中国特色社会主义制度，推进国家治理体系和治理能力现代化；有利于维护国体、巩固政体，保证民族团结和国家统一、领土完整；有利于保证国家法治的统一和权威，推进全面依法治国，建设中国特色社会主义法治体系，建设社会主义法治国家；有利于建立国家宪法秩序，维护社会公平正义，实现党和国家长治久安；有利于从理论与制度上划清中国特色社会主义民主政治与西方"宪政民主"模式的根本区别，坚定全党全军全国各族人民对中国特色社会主义的道路自信、理论自信、制度自信、文化自信。当前，开启新时代中国特色社会主义法治新征程，深化依法治国实践，完善以宪法为核心的中国特色社会主义法律体系，建设中国特色社会主义法治体系和法治国家，应当更加重视树立和维护宪法权威，加强宪法实施和监督，把全面贯彻实施宪法提高到一个新水平。

党的十八大以来，党中央高度重视宪法实施监督工作。党的十八届三中全会明确提出，维护宪法法律权威，要进一步健全宪法实施监督机制和程序，建立健全全社会忠于、遵守、维护、运用宪法法律的制度。党的十八届四中全会进一步规定，健全宪法实施和监督制度，完善全国人大及其常委会宪法监督制度，健全宪法解释程序机制；加强备案审查制度和能力建设，把所有规范性文件纳入备案审查范围，依法撤销和纠正违宪违法的规范性文件，禁止地方制发带有立法性质的文件。党的十九大报告提出，加强宪法实施和监督，推进合宪性审查工作，维护宪法权威。习近平总书记提出明确要求："全国人大及其常委会和国家有关监督机关要担负起宪法和法律监督职责，加强对宪法和法律实施情况的监督检查，健全监督机制和程序，坚决纠正违宪违法行为。地方各级人大及其常委会要依法行使职权，保证宪法和法律在本行政区域内得到遵守和执行。"加强宪法实施和监督，建立和完善维护宪法权威的长效机制，应当按照中央的要求，全面深入贯彻落实党的十八大以来特别是党的十九大作出的关于深化依法治国实践、加强宪法实施和监督的各项部署，设立国家宪法实施监督机构，启动宪法解释程序，健全合宪性审查制度，推进宪法实施监督实践，不断树立和维护宪法权威。

（三）必须加强宪法宣传教育

宪法的根基在于人民发自内心的拥护，宪法的伟力在于人民出自真诚的信仰。只有保证公民在法律面前一律平等，尊重和保障人权，保证人民依法享有广泛的权利和自由，宪法才能深入人心，走入人民群众，宪法实施才能真正成为全体人民的自觉行动。习近平总书记指出，我们要在全社会加强宪法宣传教育，提高全体人民特别是各级领导干部和国家机关工作人员的宪法意识和法制观念，弘扬社会主义法治精神，努力培育社会主义法治文化，让宪法家喻户晓，在全社会形成学法尊法守法用法的良好氛围。我们要通过不懈努力，在全社会牢固树立宪法和法律的权威，让广大人民群众充分相信法律、自觉运用法律，使广大人民群众认识到宪法不仅是全体公民必须遵循的行为规范，而且是保障公民权利的法律武器。我们要把宪法教育作为党员干部教育的重要内容，使各级领导干部和国家机关工作人员掌握宪法的基本知识，树立忠于宪法、遵守宪法、维护宪法的自觉意识。

[延伸阅读]

全国人民代表大会常务委员会关于设立国家宪法日的决定

（2014 年 11 月 1 日第十二届全国人民代表大会常务委员会第十一次会议通过）

1982 年 12 月 4 日，第五届全国人民代表大会第五次会议通过了现行的《中华人民共和国宪法》。现行宪法是对 1954 年制定的新中国第一部宪法的继承和发展。宪法是国家的根本法，是治国安邦的总章程，具有最高的法律地位、法律权威、法律效力。全面贯彻实施宪法，是全面推进依法治国、建设社会主义法治国家的首要任务和基础性工作。全国各族人民、一切国家机关和武装力量、各政党和各社会团体、各企业事业组织，都必须以宪法为根本的活动准则，并且负有维护宪法尊严、保证宪法实施的职责。任何组织或者个人都不得有超越宪法和法律的特权，一切违反宪法和法律的行为都必须予以追究。为了增强全社会的宪法意识，弘扬宪法精神，加强宪法实施，全面推进依法治国，第十二届全国人民代表大会常务委员会第十一次会议决定：

将12月4日设立为国家宪法日。国家通过多种形式开展宪法宣传教育活动。

——全国人民代表大会常务委员会法制工作委员会：《中华人民共和国法律（2018年版）》，人民出版社2018年版，第286——287页

◦══ 本章小结 ══◦

宪法是治国安邦的总章程。我国宪法以国家根本法的形式确立了社会主义根本制度，确认了中国共产党领导的宪法地位，确立了人民民主专政的国体和人民代表大会制度的政体，确立了中国特色社会主义发展成果，确定了国家的根本任务、领导核心、指导思想、发展道路、奋斗目标。十三届全国人大一次会议高票通过的宪法修正案，实现了宪法的又一次与时俱进，更好体现了全党全国人民的意志，更好展示了中国特色社会主义制度优势。中国特色社会主义进入新时代，必须更加注重维护宪法尊严，保证

宪法实施，使宪法和法律成为人们普遍遵守的行为规范，树立和维护宪法在国家和社会生活中的法律权威，把实施宪法提高到新的水平。

【思考题】

1. 我国宪法的基本特征是什么？
2. 如何保障宪法实施、维护宪法权威？

第三章

完善法律体系　推进良法善治

建设中国特色社会主义法治体系，必须坚持立法先行，发挥立法的引领和推动作用，抓住提高立法质量这个关键。党的十八大以来，习近平总书记就立法工作作出一系列重要论述。完善以宪法为统帅的中国特色社会主义法律体系，加强科学立法、民主立法、依法立法，必须以习近平总书记重要论述为根本遵循和重要指引。

第一节　中国特色社会主义法律体系的
形成与完善

中国特色社会主义法律体系，是中国特色社会主义创新实践的法制体现。它的形成，具有重大的现实意义和深远的历史意义。完善以宪法为核心的法律体系，有助于夯实中国特色社会主义永葆本色的法制根基，推进社会主义法治国家和现代化建设，为实现国家繁荣富强和中华民族伟大复兴提供科学系统的法制保障。

一、中国特色社会主义法律体系的形成

法律是治国之重器，良法是善治之前提。完备而良善的法律规范体系不仅是建设法治体系的第一要义，而且是法治国家的基本标志以及政权稳定和社会发展的基本保障。新中国成立后，中国共产党领导中国人民经过坚持不懈的努力，形成了立足中国国情和实际、适应改革开放和社会主义现代化建设需要、集中体现中国共产党和中国人民意志、以宪法为核心的中国特色社会主义法律体系。国家和社会各方面总体上实现了有法可依。习近平总书记对新中国成立以来立法工作的成就给予高度评价，他说："我国形成了以宪法为统帅的中国特色社会主义法律体系，我们国家和社会生活各方面总体上实现了有法可依，这是我们取得的重大成就。"

[延伸阅读]

中国特色社会主义法律体系

（截至 2018 年 10 月）

党的十五大报告提出"到 2010 年形成有中国特色社会主义法律体系"。经过多年努力，一个立足中国国情和实际、适应改革开放和社会主义现代化建设需要、集中体现党和人民意志的中国特色社会主义法律体系

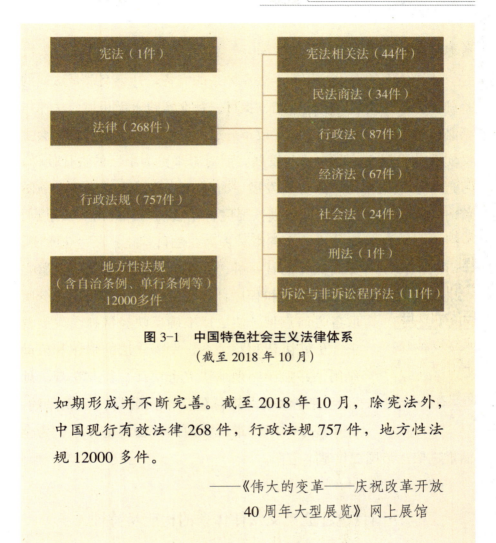

图 3-1 中国特色社会主义法律体系
（截至 2018 年 10 月）

如期形成并不断完善。截至 2018 年 10 月，除宪法外，中国现行有效法律 268 件，行政法规 757 件，地方性法规 12000 多件。

——《伟大的变革——庆祝改革开放
40 周年大型展览》网上展馆

中国特色社会主义法律体系的形成，体现了中国特色社会主义的本质要求，体现了改革开放和社会主义现代化建设的时代要求，体现了结构内在统一而又多层次的国情要求，体现了继承中国法律文化优秀传统和借鉴人类法治文明成果的文化要求，体现了动态、开放、与时俱进的发展要求，是中国社会主义民主法治建设的一个重要里程碑。

法律体系的形成并不等于法律体系的完备，社会实践是法律的基础，法律是实践经验的总结、提炼。社会实践永无止境，法律体系必将随着社会关系的变化、改革开放的进程以及中国特色社会主义实践的发展而不断完善和发展。面对未来更为艰巨的责任使命，习近平总书记指出，形势在发展，时代在前进，法律体系必须随着时代和实践发展而不断发展。要完善立法规划，突出立法重点，坚持立改废并举，提高立法科学化、民主化水平，提高法律的针对性、及时性、系统性。要完善立法工作机制和程序，扩大公众有序参与，充分听取各方面意见，使法律准确反映经济社会发展要求，更好协调利益关系，发挥立法的引领和推动作用，并强调必须加快完善法律、行政法规、地方性法规体系，完善包括市民公约、乡规民约、行业规章、团体章程在内的社会规范体系，为全面推进依法治国提供基本遵循。

习近平：在首都各界纪念现行宪法公布施行 30 周年大会上的讲话

二、中国特色社会主义法律体系的构成与特征

（一）中国特色社会主义法律体系的构成

中国特色社会主义法律体系，是以宪法为统帅，以法律为主干，以行政法规、地方性法规为重要组成部分，由宪法及宪法相关法、民商法、行政法、经济法、社会法、刑法、诉讼与非诉讼程序法等多个法律部门组成的有机统一整体。

宪法相关法是指与宪法相配套、直接保障宪法实施和国家政权

运作等方面的法律规范，调整国家政治关系，主要包括国家机构的产生、组织、职权和基本工作原则方面的法律，民族区域自治制度、特别行政区制度、基层群众自治制度方面的法律，维护国家主权、领土完整、国家安全、国家标志象征方面的法律，保障公民基本政治权利方面的法律。

民法是调整平等主体的公民之间、法人之间、公民和法人之间的财产关系和人身关系的法律规范，遵循民事主体地位平等、意思自治、公平、诚实信用等基本原则。商法调整商事主体之间的商事关系，遵循民法的基本原则，同时秉承保障商事交易自由、等价有偿、便捷安全等原则。

行政法是关于行政权的授予、行政权的行使以及对行政权的监督的法律规范，调整的是行政机关与行政管理相对人之间因行政管理活动发生的关系，遵循职权法定、程序法定、公正公开、有效监督等原则，既保障行政机关依法行使职权，又注重保障公民、法人和其他组织的权利。

经济法是调整国家从社会整体利益出发，对经济活动实行干预、管理或者调控所产生的社会经济关系的法律规范。经济法为国家对市场经济进行适度干预和宏观调控提供法律手段和制度框架，防止市场经济的自发性和盲目性所导致的弊端。

社会法是调整劳动关系、社会保障、社会福利和特殊群体权益保障等方面的法律规范，遵循公平和谐和国家适度干预原则，通过国家和社会积极履行责任，对劳动者、失业者、丧失劳动能力的人以及其他需要扶助的特殊人群的权益提供必要的保障，维护社会公平，促进社会和谐。

刑法是规定犯罪与刑罚的法律规范。它通过规范国家的刑罚权，惩罚犯罪，保护人民，维护社会秩序和公共安全，保障国家安全。

诉讼与非诉讼程序法是规范解决社会纠纷的诉讼活动与非诉讼活动的法律规范。诉讼法律制度是规范国家司法活动解决社会纠纷的法律规范，非诉讼程序法律制度是规范仲裁机构或者人民调解组织解决社会纠纷的法律规范。

上述法律部门确立的各项法律制度，涵盖了社会关系的各个方面，把国家各项工作、社会各个方面纳入了法治化轨道，为全面依法治国、建设社会主义法治国家提供了坚实的基础。法律已经成为公民、法人和其他组织解决各种矛盾和纠纷的重要手段，也为各级人民法院维护公民、法人和其他组织的合法权益提供了重要依据。

（二）中国特色社会主义法律体系的特征

各国的历史文化传统、具体国情和发展道路不同，社会制度、政治制度和经济制度不同，决定了各国的法律体系必然具有不同特征。中国特色社会主义法律体系具有十分鲜明的特征。

一是体现了中国特色社会主义的本质要求。我国是工人阶级领导的、以工农联盟为基础的人民民主专政的社会主义国家。这就决定了法律体系的中国特色社会主义性质，其所包括的全部法律规范、所确立的各项法律制度，必须有利于巩固和发展社会主义制度，充分体现人民的共同意志，保障人民当家作主，将实现好、维护好、发展好最广大人民的根本利益作为根本出发点和落脚点。

二是体现了改革开放和社会主义现代化建设的时代要求。中国特色社会主义法律体系与改革开放相伴而生、相伴而行、相互促进。前者是改革开放和现代化建设顺利进行的内在要求，也为其提供了良好的法制环境，发挥了积极的规范、引导、保障和促进作用。妥善处理法律稳定性和改革变动性的关系，既反映和肯定了改革开放和现代化建设的成功做法，又为改革开放和现代化建设进一步发展预留了空间。

三是体现了内在统一而又多层次的国情要求。中国是统一的多民族的单一制国家，各地经济社会发展很不平衡。与这一基本国情相适应，我国立法体制和法律体系也具有统一而又多层次的结构特征。由不同立法主体按照宪法和法律规定的立法权限制定的多层次法律规范体系具有不同法律效力，共同构成一个科学和谐的统一整体。

四是体现了继承中国法律文化优秀传统和借鉴人类法治文明成果的文化要求。中国特色社会主义法律体系既注重继承中国传统法律文化优秀成分，适应改革开放和社会主义现代化建设需要进行制度创新，实现了传统文化与现代文明的融合；又注意研究借鉴国外立法有益经验，吸收国外法治文明先进成果，具有很强的包容性和开放性，充分体现了它的独特文化特征。

五是体现了动态、开放、与时俱进的发展要求。我国处于并将长期处于社会主义初级阶段，整个国家还处于体制改革和社会转型时期，社会主义制度还需要不断自我完善和发展，这就决定了中国特色社会主义法律体系必然具有稳定性与变动性、阶段性与连续性、现实性与前瞻性相统一的特点，必然是动态的、开放的、发展的，而不是静止的、封闭的、固定的，必将伴随中国经济社会发展和法治国家建设的实践而不断发展完善。

三、新时代立法工作重心的转移

改革开放 40 年我国立法工作的发展进程可以分为三个阶段。

第一阶段：1978—1996 年，改革开放之后，以全面修改宪法、制定民法通则、刑法、刑事诉讼法等为标志，开启了社会主义法制建设的新航程。1979 年 7 月 1 日，五届全国人大二次会议通过了地方各级人民代表大会和地方各级人民政府组织法、选举法、人民法院组织法、人民检察院组织法、刑法、刑事诉讼法、中外合资经营企业法等七部法律，弥补了国家立法的巨大空白，具有深远的历史意义。通过制定一系列重要法律、推进多轮民主与法制变革，重建社会管理秩序，宪法保障基本人权和民主，确定建立社会主义市场经济法律体系的战略取向，初步实现了社会治理的法律化、制度化。

第二阶段：1997—2011 年，党的十五大确立了依法治国，建设社会主义法治国家为治国基本方略，加入世界贸易组织之后，借鉴西方法制经验加强市场经济立法，2011 年中国特色社会主义法律体系宣告形成，法治的地位和作用获得空前的重视，开启全球化条件下深层次法治改革。法律价值成为国民精神和国家形象的重要元素，法律权威日益受到党和国家机关的维护和尊重，法治原则在法律体系建构和法律实施中得到体现，实现了从法制到法治的重大飞跃。

第三阶段：2012 年至今，中国特色社会主义法律体系形成后，立法供不应求和结构失衡的矛盾基本解决，前 30 多年的立法量变逐渐累积达到了质变阶段，立法工作的重心从解决"无法可依"的扩大立法规模和数量问题，转变为解决"良法善治"的提升立法质量问题。由此，立足实践不断完善和发展中国特色社会主义法律体系，提高立法质量，实现立法精细化、良善化和治理现代化被提上重要议程，开启了以提高立法质量为核心、科学民主依法立法、让每一部法律都更加满足人民需要的新时代。

党的十八大以来，在以习近平同志为核心的党中央坚强领导下，国家立法、政府立法、地方立法工作稳步推进，加强重点领域立法，不断提高立法质量和效率，努力为改革发展稳定大局做好法治服务和保障，推动以宪法为核心的法律体系不断完善发展，取得了丰硕成果。截至 2018 年 10 月，除宪法外，我国现行有效的法律共 268 件，行政法规 757 件，地方性法规 12000 多件。

总结回顾党的十八大以来的新时代立法工作，有以下几个突出特点：一是坚持党中央集中统一领导，把加强党的领导贯彻落实到立法各个环节。二是以统筹推进"五位一体"总体布局和协调推进"四个全面"战略布局统领立法工作。三是坚持立法决策与改革决策相衔接，积极发挥立法的引领推动作用。四是加强对立法工作的组织协调，不断健全人大主导立法工作的体制机制。五是深入推进科学立法、民主立法、依法立法，着力提高立法质量。

四、完善以宪法为核心的法律体系

习近平总书记指出，法治体系是国家治理体系的骨干工程。必须加快形成完备的法律规范体系、高效的法治实施体系、严密的法治监督体系、有力的法治保障体系，形成完善的党内法规体系。这五个方面是中国特色社会主义法治体系的五大支柱，是一个有机的整体，既相对独立又紧密联系、相辅相成、缺一不可，共同构成具有鲜明中国特色的社会主义法治体系。

完备的法律规范体系是构建法治体系的第一要义。正所谓"小智治事，中智治人，大智立法"。从法学理论角度看，法律体系的概念相对宽泛，指一国现行有效的法律规范的总和。法律规范体系则相对具体明确。法律规范作为法律的基本组成单位，必须清晰明确地规定法律主体的权利义务范围、权力行使边界以及责任等具体事项，通常是由假定、处理、后果三要素构成的逻辑规范。其中，假定是适用法律规范的前提，只有符合法定条件，法律规范才能适用。如果法律规范对其适用条件或场合规定不明确、设计不科学，势必导致随意适用法律规范处理问题的情形，有悖于法治的确定性、明晰性、逻辑性。处理是指对法律规范调整的行为进行高度抽象而归纳出来的行为模式，分为可以做什么、应当做什么和不得做什么三大类型。后果则是依照或违反法律规范设定的行为模式而行为所产生的法律上的后果，包括奖励、授权等肯定式后果和惩罚、制裁等否定式后果。

完善以宪法为核心的法律体系对立法工作提出了较高的要求。一是彰显价值。体现中国特色社会主义的本质要求，体现改革开放和现代化建设的时代要求，体现结构内在统一而又多层次的国情要求，体现继承中国法律文化优秀传统和借鉴人类法治文明成果的文化要求，体现动态、开放、与时俱进的发展要求，恪守以人为本、立法为民理念，按照宪法法律的相关原则，兼顾实质正义与程序正义。二是体系融贯。构建以宪法为核心，上下有序、内外协调，各部门法和同一法律部门不同法律规范之间协调一致、有效衔接、调控严密的法律规范体系。三是保证实施。对权利义务和责任的设定要明确具体，提高立法的针对性和可执行性，坚决反对打法律白条，防止法律规范空洞抽象、逻辑模糊或自相矛盾。四是立法评估。法律规范体系是反映法治体系规范基础的指标，可对其从立法完备性、科学性和民主性等角度进行评估，其中立法完备性是法律规范体系形式上是否完备的要求，立法科学性是对法律规范体系内容上是否合乎社会需求及最佳效果的要求，立法民主性是对法律规范体系制定过程及结果是否民主的要求。五是漏洞填补。社会事务千变万化而法律相对稳定不变，这就存在国家法律、行政法规、地方性法规等难以穷尽待调整之事的矛盾情形，对此，法律规范要有预防处置办法。例如，2017年颁布的民法总则第十条规定："处理民事纠纷，应当依照法律；法律没有规定的，可以适用习惯，但是不得违背公序良俗。"第十一条规定："其他法律对民事关系有特别规定的，依照其规定。"其中预留了包括市民公约、乡规民约、行业规章、团体章程在内的社会规范体系的适用空间，并做了必要限制。

第二节 推进立法体制改革

改革开放以来，根据宪法和立法法、地方组织法等法律的规定，我国逐渐构建起统一而又分层次的立法体制。从现实发展看，现行立法体制总体上适应改革开放40年来我国经济社会发展需要，功不可没，但也暴露出不少问题。习近平总书记指出："各有关方面都要从党和国家工作大局出发看待立法工作，不要囿于自己那些所谓利益，更不要因此对立法工作形成干扰。要想明白，国家和人民整体利益再小也是大，部门、行业等局部利益再大也是小。彭真同志说立法就是在矛盾的焦点上'砍一刀'，实际上就是要统筹协调利益关系。如果有关方面都在相关立法中掣肘，都抱着自己那些所谓利益不放，或者都想避重就轻、拈易怕难，不仅实践需要的法律不能及时制定和修改，就是弄出来了，也可能不那么科学适用，还可能造成相互推诿扯皮甚至'依法打架'。这个问题要引起我们高度重视。"古人云："法令行则国治，法令弛则国乱。""明法者强，慢法者弱。"在改革进入攻坚期和深水区的历史新阶段，如何更好地发挥立法的引领和推动作用，关系到全面深化改革能否顺利推进，更关系到改革的成果能否巩固和持久。

一、加强党对立法工作的领导

党领导人民制定宪法和法律，是党的领导在社会主义法治建设方面的具体体现，也是党坚持依法执政的重要内容。2018 年宪法修正案增加了中国共产党领导是中国特色社会主义最本质的特征的规定，充实了坚持和加强中国共产党全面领导的内容。我们讲依法治国，就是广大人民群众在党的领导下，依照宪法和法律的规定，通过各种途径和形式管理国家事务，管理经济和文化事业，管理社会事务，保证国家各项工作都依法进行，逐步实现社会主义民主的制度化、法律化，这个概念内在包含着党领导立法的意思；我们讲依宪治国、依宪执政，不是要否定和放弃党的领导，而是强调党领导人民制定宪法和法律，党自身必须在宪法和法律范围内活动。

党的领导为立法工作提供科学的思想指导、政策引导和组织领导，对于确保立法代表最广大人民的根本利益、始终保持立法的正确方向、维护社会主义法制的统一和尊严、有效防止立法中的部门利益和地方保护主义法律化，具有重要意义。

坚持党对立法工作的领导。要全面贯彻落实党中央确定的立法工作目标任务，严格落实立法工作向党中央和省、区、市党委请示报告制度。需要党中央和省、区、市党委研究的重大立法事项、法律规章起草及审议中涉及的重大体制、重大政策调整问题等事项，中央和地方立法机关党组应及时主动向党中央和同级党委请示报告，不折不扣贯彻落实党中央决策部署，把党的领导贯彻到立法工作的全过程和各方面。中央和地方立法机关党组应当在所在单位发挥领导核心作用，认真履行政治领导责任，做好理论武装和思想政治工作，负责学习、宣传、贯彻执行党的理论和路线方针政策，贯彻落实党中央和上级党组织的决策部署，发挥好把方向、管大局、保落实的重要作用。

坚持党对立法工作的领导，党本身也要遵守宪法和立法法以及其他法律的规定，认真履行党要管党、从严治党责任。党组议事决策应当坚持集体领导、民主集中、个别酝酿、会议决定，重大决策应当充分协商，实行科学决策、民主决策、依法决策。指导立法工作，要坚持运用法治思维、法治原则、法治方式，实现党对立法工作领导的制度化、规范化、程序化，保证党的路线方针政策的贯彻实施，使这种制度和法律不因领导人的改变而改变，不因领导人的看法和注意力的改变而改变。

二、健全有立法权的人大主导立法工作的体制机制

宪法规定："中华人民共和国全国人民代表大会是最高国家权力机关"，是行使国家立法权的国家机关。立法法则对全国人民代表大会及其常委会、地方人民代表大会及其常委会的立法权限作了系统界定。

充分发挥人大在立法工作中的主导作用。一是要在党的集中统一领导下，加强人大及其常委会对立法工作的组织协调和综合指

导，严谨科学地制定常委会五年立法规划，完善立法体制机制，加强立法工作组织协调，增强立法的及时性、系统性、针对性、有效性。按照立法规划、计划，把好立项关，科学合理地安排立法进度，健全相关专门委员会、常委会工作机构组织起草重要法律草案机制，推动和督促有关方面按照立法规划计划及时组织起草法律草案。涉及改革任务举措的立法项目，有关专门委员会、常委会工作委员会要主动同相关政府部门沟通协调，共同做好立法起草、论证、协调、审议工作。二是发挥立法机关在表达、平衡、调整社会利益方面的重要作用，完善立法论证、听证、评估机制，建立对重大利益调整的论证咨询制度，制定立法项目征集和论证工作规范。三是要明确人大和常委会的立法权限划分，逐步增强人大自身的立法职能以体现立法的人民性和民主性，同时以人大及其常委会为中心展开有效的法律监督，保证行政立法和地方立法与宪法、法律的统一，从体制机制和工作程序上有效防止部门利益和地方保护主义法律化，解决立法授权过于笼统、适用范围和期限不明确、缺乏有效监督的问题。四是对法律需要制定配套法规的，有关专门委员会、常委会工作委员会要督促有关单位和地方按照要求制定、修改、清理配套法规。五是尊重人大代表主体地位，把办理好人大代表依法提出的议案、建议与立法工作紧密结合起来，邀请人大代表参与立法评估、调研、审议，为其提供相关立法参阅资料，听取其意见和建议。

三、加强和改进政府立法制度建设

我国的政府立法有三种形式：行政法规、部委规章和地方政府规章。其中，行政法规的制定主体为国务院。部委规章是国务院各部门（包括国务院各部、委员会、中国人民银行、审计署和具有行政管理职能的直属机构）根据法律和国务院的行政法规、决定、命令，在本部门的权限范围内，按照法定程序制定的执行性规范文件。地方政府规章是省级和设区的市级人民政府根据法律、行政法规和地方性法规，按照法定程序制定的执行性规范文件，其内容不得与法律、法规相违背，效力从属于宪法、法律、行政法规和地方性法规。习近平总书记指出，"能不能做到依法治国"的关键，一看"党能不能依法执政"，二看"各级政府能不能依法行政"。在不与宪法法律相抵触的前提下推进政府立法工作，是依法行政的重要前提。

加强和改进政府立法制度建设，重点要做好以下工作：一是要细化规定行政法规的制定权限和程序。行政法规由国务院有关部门或者国务院法制机构具体负责起草；重要行政管理的法律、行政法规草案由国务院法制机构组织负责起草；国务院有关部门认为需要制定行政法规的，应当向国务院报请立项；行政法规的决定程序依照国务院组织法的有关规定办理。二是要完善规章制定权限和程序。没有法律和国务院行政法规、决定、命令的依据，部门规章不得设定减损公民、法人和其他组织权利或者增加其义务的规范，不得增加本部门的权力或者减少本部门的法定职责；没有法律和行政法规、地方性法规的依据，地方政府规章不得设定减损公民、法人和其他组织权利或者增加其义务的规范。应当制定地方性法规但条件尚不成熟的，因行政管理迫切需要，可以先制定地方政府规章；规章实施满两年需要继续实施规章所规定的行政措施的，应当提请本级人民代表大会或者其常务委员会制定地方性法规。三是要及时跟踪督导。了解各部门落实立法计划的情况，加强组织协调和督促指导；对各项重要的政府立法从事前、事中以及事后进行严格审查和监督，力求使政府的每一个立法活动从程序到实体内容都符合宪法和法律。四是要完善公众参与政府立法机制，强调专门机关、专家和公众参与相结合。

四、实现立法和改革决策相衔接

改革是"变"，法治是"定"，二者既相互冲突，又辩证统一。习近平总书记强调："我们要着力处理好改革和法治的关系。改革和法治相辅相成、相伴而生。""凡属重大改革都要于法有据。在整个改革过程中，都要高度重视运用法治思维和法治方式，发挥法治的引领和推动作用，加强对相关立法工作的协调，确保在法治轨道上推进改革。"应该以法治推动改革，用法治规范改革，坚持法治和德治协同发力，将社会主义核心价值观融入法治建设，为改革发展稳定提供法治保障，推进全面深化改革和法治社会建设同步、有序、健康发展。具体说来，要实现立法和改革决策相衔接，做到重大改革于法有据、立法主动适应改革发展需要。在研究改革方案和改革措施时，要同步考虑改革涉及的立法问题，及时提出立法需求和立法建议。实践证明行之有效的，要及时上升为法律。实践条件还不成熟、需要先行先试的，要按照法定程序作出授权。对不适应改革要求的法律法规，要及时修改和废止。完善立法体制，还必须满足维护法制统一的要求，使立法符合我国法律体系的渊源结构和效力层级的制度设计，维护宪法和法律的权威，禁止规范性法律文件与宪法、法律相抵触或冲突。

立法法第一条"制定宗旨"强调要发挥立法的引领和推动作用。同时规定：全国人民代表大会及其常务委员会可以根据改革发展的需要，决定就行政管理等领域的特定事项授权在一定期限内在部分地方暂时调整或者暂时停止适用法律的部分规定。针对以往授权立法规定比较原则化，有些授权范围过于笼统、缺乏时限要求等问题，立法法要求明确授权的目的、事项、范围、期限以及被授权机关实施授权决定应当遵循的原则等；被授权机关应当在授权期限届满的六个月以前，向授权机关报告授权决定实施的情况。

五、赋予设区的市地方立法权

在全面深化改革的新时代，推进地方立法主体扩容、促进省市地方及时高效立法，成为有效促进地方经济社会发展、加强社会治理、提升依法行政和制度创新水平的关键举措。立法法在完善立法体制机制方面的一个标志性成果，就是普遍赋予设区的市地方立法权。现在，享有地方立法权的主体在原有 31 个省（自治区、直辖市）和 49 个较大的市的基础上，又增加 274 个，包括 240 个设区的市、30 个自治州和 4 个未设区的地级市。规定设区的市人大及其常委会可就"城乡建设与管理、环境保护、历史文化保护等方面的事项"制定地方性法规，法律对设区的市制定地方性法规的事项另有规定的，从其规定。原有 49 个较大的市已经制定的地方性法规，涉及上述事项范围以外的，继续有效。国务院和有立法权的地方人大及其常委会要抓紧制定和修改与法律相配套的地方性法规，但考虑到设区的市数量较多、地区差异较大，该工作将本着"政策从宽、落实从严、逐步放权"的精神予以推进。

2018 年 3 月，十三届全国人大一次会议审议通过《中华人民共和国宪法修正案》，在宪法第三章《国家机构》第一百条增加一款，作为第二款："设区的市的人民代表大会和它们的常务委员会，在不同宪法、法律、行政法规和本省、自治区的地方性法规相抵触的前提下，可以依照法律规定制定地方性法规，报本省、自治区人民代表大会常务委员会批准后施行。"

六、切实维护法制统一和尊严

全国人大及其常委会在社会主义法治国家建设中担负着重要职责，必须全面贯彻实施宪法，履行宪法法律监督职责，健全备案审查制度，维护法制统一和宪法法律尊严。具体措施是：

落实备案审查衔接联动机制，制定备案审查工作规程，建立全国统一的备案审查信息平台，实行有件必备、有备必审、有错必纠。十二届全国人大五年间共接受报送备案的规范性文件 4778 件，对 188 件行政法规和司法解释逐一进行主动审查，对地方性法规有重点地开展专项审查，认真研究公民、组织提出的 1527 件审查建议，对审查中发现与法律相抵触或不适当的问题，督促制定机关予以纠正，保证中央令行禁止，保障宪法法律实施，维护国家法制统一。

第三节　深入推进科学立法、民主立法、依法立法

党的十八大以来，党中央反复强调提高立法质量，立法法亦将

提高立法质量明确为立法的一项基本要求。推进科学立法、民主立法、依法立法，是提高立法质量的根本途径。

一、推进科学立法

科学立法是立法反映社会实际、体现客观规律的内在要求。科学立法的核心在于尊重和体现客观规律，包括社会规律、经济规律、自然规律等。实现科学立法，就要立足中国国情和实际，使法律规范既有规定性，又有合理性，更有协调性和系统性，经得起实践和历史的检验。其一般要求是：

遵循客观规律。在立法的本质和内容方面，马克思辩证地认为，立法的本质是反映事物的本质，法律归根结底是由物质生活条件决定的，要尊重客观规律。这是唯物主义在法学领域的体现。他在《论离婚法草案》中指出："立法者应该把自己看作一个自然科学家。他不是在创造法律，不是在发明法律，而仅仅是在表述法律，他用有意识的实在法把精神关系的内在规律表现出来。如果一个立法者用自己的臆想来代替事情的本质，那么人们就应该责备他极端任性。同样，当私人想违反事物的本质任意妄为时，立法者也有权利把这种情况看作是极端任性。"当前的立法工作，立法工作者要做好对社会实际的充分调查研究和论证，坚持严谨细致、主客观相统一立法，注意克服经验式立法、主观主义立法，克服立法的片面性、简单化、表面化倾向。

优化立法工作体制机制。科学的立法体制机制要求划清中央与地方、权力机关与行政机关的立法权限，合理地规范国家机关的权力与责任，规范公民、法人和其他组织的权利与义务，使所立法律法规既符合经济社会发展的需求，又符合人民群众的意愿，真正体现法治精神和公平正义的价值追求。具体是健全立法机关主导、社会各方有序参与立法的途径和方式，建立立法选项机制、立法规划计划机制、立法决策支持机制、法案起草机制、立法论证机制、立法协调审议和表决机制、立法后评估工作机制、法的清理工作机制、法律法规配套机制等科学系统的立法工作机制，确保立法与时俱进，立改废释并举，并按照立法项目的轻重缓急组织实施。

遵循立法技术规范。这是立法技术运用的具体规则和要求。既要重视立法内容的科学合理，又要自觉遵循立法技术规范，保持立法技术形态的统一，以明确易懂的形式体现立法意图，使所立之法有效贯彻执行。

深入开展调查研究，处理好立法质量与效率的关系。立法工作是一项复杂的劳动，既要遵循规律，又要了解把握社会实际。在工作条件一定的情况下，主观能动性发挥得越充分，调研工作花的时间越多，立法的针对性就会越强，法律法规的质量也就会越高。与此同时，立法也必须在确保法律实施效果的前提下讲求效率，尽可能降低立法成本。

二、完善民主立法

民主立法是保证人民有序参与立法、凝聚社会共识、实现社会主义民主政治的内在要求，是我国民主进程在立法工作中的集中反映和坚持党的领导、人民当家作主、依法治国有机统一的具体体现。其核心在于立法为了人民、立法依靠人民，让人民通过立法活动，行使管理国家事务、管理经济和文化事业、管理社会事务的权力，实现当家作主。我国宪法规定，中华人民共和国的一切权力属于人民。人民群众是立法的主体，制定良法，必须紧紧依靠人民群众，走群众路线，把民主立法的理念和做法贯穿到全部立法工作的始终，使立法主体、程序、内容都体现人民的意志，使每一项立法都符合宪法精神、反映人民意志、得到人民拥护。其一般要求如下：

坚持人民群众主体地位，恪守以人为本、立法为民理念。一部法律法规是否属于良法，最根本的检验标准就是看它是否体现了人民意志，是否反映了最广大人民的根本利益。要保证人民群众的意见和建议得到充分表达，合理的诉求和合法的利益得到充分体现。

坚持立法公开原则，将"开门立法"精神贯穿到立法全过程。在立法的起草阶段广泛听取意见，审议阶段提高开放程度，通过阶段坚持程序透明，公布阶段力求广为人知。除依法需要保密的外，所有的法律、行政法规、地方性法规和政府规章的草案，都要通过互联网等传媒向社会公布，公开听取社会各方面的意见。

坚持完善代议民主，广泛凝聚立法共识。充分发挥立法机关在表达、平衡、调整社会利益方面的重要作用，完善立法程序，改革法案审议制度、代表会议制度、会议议程制度，加强立法工作组织协调，法律起草、审议的协调协商机制；充分发挥人大代表参与起草和修改法律作用，保障人大代表依法履职；改进立法机关组成人员的产生，确保其真正代表和反映民意。

坚持开展立法协商，充分发挥政协委员、民主党派、工商联、无党派人士、人民团体、社会组织在立法协商中的作用。健全立法专家咨询制度，建立有关国家机关、社会团体、专家学者等对立法中涉及的重大利益调整论证咨询机制。

坚持依照法定程序集体行使立法权，创新公众参与立法方式，健全公众意见表达机制和听取、采纳公众意见情况说明制度，通过座谈、听证、评估、民意调查、聘请立法顾问、公民旁听法案审议、公布法律草案等途径广泛听取各方面意见和建议，通过询问、质询、特定问题调查、备案审查等积极回应社会关切，最大限度地凝聚共识与智慧。

三、加强依法立法

依法立法是指立法应当严格依照宪法法律设定的权限和程序进行，确保每一项立法都经得起合宪性审查，经得起实践和历史的检验。党的十九大报告把依法立法与科学立法、民主立法并列为立法原则，体现出党在新的历史时期对立法工作提出了更高要求，关键是要解决越权立法、重复立法、法出多门、部门利益和地方保护主义法律化等突出问题，把握立法正确方向，依法严格进行授权立法，维护国家法制统一，通过良法促进发展、保障善治。其一般要求如下：

贯彻党的方针政策。党的方针政策是党为完成一定时期任务而制定的活动准则，是党的理论、意志和主张在治国理政上的具体体现，对确立立法指导思想、立法工作原则、立法规范等有着不可替代的作用。党的方针政策和国家法律在本质上是一致的，很多法律法规就是在政策基础上制定出来的。做好立法工作一定要把党的方针政策研究好、领会好，坚持正确政治方向。

恪守宪法法律。宪法是党和人民意志的集中体现，是通过科学民主程序形成的根本大法。所有法律法规的制定和修改都必须体现宪法精神，不得同宪法相抵触。立法法规定了立法原则，明确了立法权限划分，对立法工作各个环节都作了具体规定。贯彻宪法法律，方能使立法工作有章可循，预防违宪违法的现象发生。

明晰立法权限。我国实行一元两级多层次的立法体制。在立法权限划分上，实行中央集中统一领导和一定程度的层级分权相结合的体制。要明确中央与地方、权力机关与行政机关的各自立法权限，处理好法律、行政法规与地方性法规的关系，处理好创制性立法与实施性立法的关系，在维护国家法制统一的前提下，依法行使好各层次的立法权。对于国家法律专属立法事项地方立法不能涉及；地方立法的范围在于执行法律、行政法规需要作出具体规定的事项和属于地方性事务需要制定地方性法规的事项；设区的市的地方立法权严格限定在城乡建设与管理、环境保护、历史文化保护等方面。

明确立法原则。遵循科学、民主、法治、公开公平公正、从实际出发等立法原则，有助于确保立法的质量。地方立法工作必须坚持不与立法原则相违背，不与上位法的规则相冲突，相同位阶间的法律规范也要协调，做到法律和谐统一、易于操作。

严格立法程序。依法立法不仅要遵守法定权限，还要严格遵守法定程序。立法法、行政法规制定程序条例和地方立法条例对法规案的提出、审议和表决程序作了明确规定。唯有据此规范立法行为，完善立法程序，才能保障立法过程的科学化、民主化，增强立法工作的针对性、实效性，防止和克服立法工作中的随意性，从而提高立法工作的水平。

第四节　加强重点领域立法

完善和发展中国特色社会主义法律体系，当务之急是加强重点领域立法。习近平总书记多次强调："我们要加强重要领域立法，确保国家发展、重大改革于法有据，把发展改革决策同立法决策更好结合起来。要坚持问题导向，提高立法的针对性、及时性、系统性、可操作性，发挥立法引领和推动作用。"结合十八大以来党的立法方针和国家立法的实际进展，重点领域立法主要体现在以下几个方面。

一、完善公民权利保障法律制度

尊重和保护公民权利是法治国家和法治社会的重要特征。法治的要义就在于保障公民的人权和其他权利不受侵犯。将公民权利和人权纳入法治轨道，也是世界上法治国家通行的做法。公民权利在得到法律确认之前，仅具有宣示意义和理论探讨价值，而在法律明确规定之后，方可在受到具体侵犯时，通过法律程序和法律渠道予以救济保护。"尊重和保障人权"不仅是我国宪法的庄严宣示，也是社会主义制度本质的根本体现；相较于侧重调整财产关系的民法通则，新时代制定的民法总则秉承人文关怀理念，将人身自由和人格尊严的全面确认和保障放在更为优先的地位，深刻地体现了价值共识。面向未来，还要进一步增强全社会尊重和保障人权意识，加快完善体现权利公平、机会公平、规则公平的法律制度，保障公民人身权、财产权、基本政治权利等各项权利不受侵犯，保障公民经济、文化、社会等各方面权利得到落实，健全公民权利救济渠道和方式，建构和谐稳定的社会秩序，实现公民权利保障法治化，建构和谐稳定的社会秩序。

二、社会主义核心价值观融入法律法规的立改废释过程

2018 年 5 月，中共中央印发了《社会主义核心价值观融入法治建设立法修法规划》（以下简称《规划》），并发出通知，要求各地区各部门结合实际认真贯彻落实。《规划》强调，要以习近平新时代中国特色社会主义思想为指导，坚持全面依法治国，坚持社会主义核心价值体系，着力把社会主义核心价值观融入法律法规的立改废释全过程，确保各项立法导向更加鲜明、要求更加明确、措施更加有力，力争经过五到十年时间，推动社会主义核心价值观全面融入中国特色社会主义法律体系，筑牢全国各族人民团结奋斗的共同思想道德基础，为决胜全面建成小康社会、夺取新时代中国特色社会主义伟大胜利、实现中华民族伟大复兴的中国梦、实现人民对美好生活的向往，提供坚实制度保障。

《规划》指出，推动社会主义核心价值观入法入规，必须遵循的原则是：坚持党的领导，坚持价值引领，坚持立法为民，坚持问题导向，坚持统筹推进。《规划》明确了六个方面的主要任务。一是以保护产权、维护契约、统一市场、平等交换、公平竞争等为基本导向，完善社会主义市场经济法律制度。二是坚持和巩固人民主体地位，推进社会主义民主政治法治化。三是发挥先进文化育人化人作用，建立健全文化法律制度。四是着眼人民最关心最直接最现实的利益问题，加快完善民生法律制度。五是促进人与自然和谐发

展，建立严格严密的生态文明法律制度。六是加强道德领域突出问题专项立法，把一些基本道德要求及时上升为法律规范。

三、完善社会主义市场经济法律制度

经济体制改革是全面深化改革的重点，必须进一步加强市场经济法治建设，坚持和完善基本经济制度，通过科学、系统的经济法律体系建构，形成完善的现代市场体系、宏观调控体系、开放型经济体系，促进经济发展方式转变，使市场在资源配置中起决定性作用，提高经济立法质量和整体效益，推动国民经济更有效率、更加公平、更可持续发展。当前的主要立法任务有：依法保障各类市场主体合法权益，加强知识产权保护，健全社会信用体系，建设法治化经营环境；编纂完成民法典，为民事基本制度的稳定发展确立航向；完善税收立法和征管体制；完善金融监管和食品安全治理法律体系，加强人大预算决算审查监督、国有资产监督职能；规范财政转移支付行为，促进不同区域间的经济社会协调、平稳发展。

四、完善社会主义民主政治法律制度

制度化、规范化、程序化是社会主义民主政治的根本保障。要坚持和完善人民代表大会制度、中国共产党领导的多党合作和政治协商制度、民族区域自治制度以及基层群众自治制度，发展更加广泛、更加充分、更加健全的人民民主，从各层次各领域扩大公民有序政治参与，规范选举制度的程序，充分发挥我国社会主义政治制度优越性。通过制定监察法，修订国务院组织法、人民法院组织法、人民检察院组织法、刑事诉讼法，满足和适应党和国家领导制度改革的需要，推进社会主义民主政治法治化，充分保障人民当家作主的民主权利。

五、完善社会主义先进文化法律制度

立法是确立和推广社会主流价值的重要保证。要建立健全坚持社会主义先进文化前进方向、遵循文化发展规律、有利于激发文化创造活力、保障人民基本文化权益的文化法律制度，把社会主义核心价值观融入依法治国的每一个环节，用法律的权威来增强人们培育和践行社会主义核心价值观的自觉性，充分发挥文化法律制度的规范、引导、保障、促进作用，形成有利于培育和践行社会主义核心价值观的良好法治环境。要注重运用法治手段深化文化体制改革，推进文化创新，增强国家文化软实力，依法加强文化市场监管，保障文化市场健康有序发展。促进基本公共文化服务标准化、均等化。完善互联网领域立法，保障网络传播健康发展。

六、完善民生和社会治理法律制度

民生法治保障的发展必然加速社会法律体系的完善，而社会法律体系的完善也必将促进民生法治的发展。民生立法应该反映人民群众的利益诉求，以人本主义和实现社会公平正义为指导，构建反映民主、公平、人权等价值的规范体系，促进政治、经济和社会全面发展。具体包括：健全公民权益保障和利益协调机制，完善妇女、儿童、老人、残障人士权益保护法律法规，完善社会保障再分配，促进社会公平正义；完善社会组织立法，制定社会组织行为规范和活动准则，鼓励、引导、规范社会组织参与社会治理、提供公共服务；完善多元化的群众利益表达和保护机制，建立让基层群众、组织和社区等利益相关方能够表达意见、协商讨论的制度化平台，拓展公民参与社会治理的渠道，畅通群众协商的有效渠道，规范群众参与决策的程序，发展多元纠纷解决机制，健全社会矛盾化解体系。

七、完善社会主义生态文明法律制度

建立有效约束开发行为和促进绿色发展、循环发展、低碳发展的生态文明法律制度，强化生产者环境保护的法律责任，大幅度提高违法成本。建立健全自然资源产权法律制度，完善国土空间开发保护方面的法律制度，加快制定和修改固体废物污染防治、长江生态环境保护、海洋环境保护、国家公园、湿地、生态环境监测、排污许可、资源综合利用、空间规划、碳排放权交易管理等方面的法律法规。依靠法治保护生态环境，增强全社会生态环境保护法治意识。环境保护要坚持保护优先、预防为主、综合治理、公众参与、损害担责的原则。地方各级人民政府应当对本行政区域的环境质量负责。企业事业单位和其他生产经营者应当防止、减少环境污染和生态破坏，对所造成的损害依法承担责任。公民应当增强环境保护意识，采取低碳、节俭的生活方式，自觉履行环境保护义务。新闻媒体应当开展环境保护法律法规和环境保护知识的宣传，对环境违法行为进行舆论监督。

八、完善国家安全法律体系

党的十八大以来，以习近平同志为核心的党中央高度重视国家安全工作，成立国家安全委员会，强调坚持总体国家安全观，构建集政治安全、国土安全、军事安全、经济安全、文化安全、社会安全、科技安全、信息安全、生态安全、资源安全、核安全等于一体的国家安全体系，走出一条中国特色国家安全道路。党的十八届四中全会提出全面推进依法治国的总目标，并对构建国家安全法律制度体系提出明确要求。党的十九大报告强调要健全国家安全体系，加强国家安全法治保障，提高防范和抵御安全风险能力。我国的国家安全立法工作稳步推进，争取到 2020 年基本形成一套立足我国国情、体现时代特点、适应我国所处战略安全环境，内容协调、程序严密、配套完备、运行有效的中国特色国家安全法律制度。我国国家安全立法主要包括三类：一是宪法。宪法第二十八条规定，国家维护社会秩序，镇压叛国和其他危害国家安全的犯罪活动。还规定"中华人民共和国公民有维护国家统一和全国各民族团结的义务"，"有维护祖国的安全、荣誉和利益的义务，不得有危害祖国的安全、荣誉和利益的行为"等。二是专门规范国家安全工作的法律法规，包括国家安全法、反间谍法、反恐怖主义法、境外非政府组织境内活动管理法、网络安全法、国家情报法和核安全法等。三是相关法律中涉及维护国家安全的部分条款和内容。如刑法中设单章规定危害国家安全罪和危害国防利益罪，刑事诉讼法规定办理危害国家安全犯罪的特别诉讼程序等。从立法现状看，文化安全、科技安全、生态安全、资源安全和核安全相对于政治安全、军事安全等领域还存在大量立法空白，有的领域也存在立法位阶偏低、约束力不足的问题。对此，既要不断完善国家安全立法，又要提高全社会依法维护国家安全的自觉性和坚定性，筑牢维护国家安全的人民防线，凝聚起维护国家安全的法治力量。

面向未来，立法工作者要坚持以习近平新时代中国特色社会主义思想为指导，坚持中国特色社会主义法律体系，形成完善的成功经验，坚持从中国国情和实际出发，借鉴世界法治文明发展成果，坚持推进科学立法、民主立法、依法立法，着力提高立法质量。

～❦ 本章小结 ❦～

立法是国家的重要政治活动，建设中国特色社会主义法治体系，必须坚持立法先行，发挥立法的引领和推动作用。推进良法善治的宏伟战略包括以下内容：完善以宪法为统帅的中国特色社会主义法律体系，把国家各项事业和各项工作纳入法制轨道是基本任务；树立宪法权威、完善宪法监督体制机制是基本前提；完善立法体制是基本要求，要求加强党对立法工作的领导、发挥人大在立法工作中的主导作用、加强和改进政府立法制度建设、实现立法和改革相衔接、赋予设区的市地方立法权等；深入推进科学立法、民主立法、依法立法是基本途径；加强重点领域立法是基本内容，要求推进公民权利保障法治化，将社会主义核心价值观融入法律法规，完善社会主义市场经济、民主政治、先进文化、民生与社会治理、生态文明法律制度和国家安全法律体系等。

【思考题】

1. 完善以宪法为核心的法律体系的重要意义和主要内容是什么?
2. 谈谈实现立法和改革决策相衔接的意义与途径。

第四章
深化行政改革　建设法治政府

建设法治政府是法治中国建设事业的重要组成部分，也是行政体制改革的重要目标。党的十九大提出到 2035 年基本建成法治国家、法治政府和法治社会，其中法治政府建设要走在前列，为全社会作出表率。

第一节　法治政府建设历程与方向

我国法治政府建设事业萌发于依法治国和依法行政基本理念，扎根于改革开放以来推动政府职能转变和市场经济改革的现实需要，服务于推进国家治理体系和治理能力现代化的全面深化改革总目标，是中国特色社会主义法治国家建设事业的基础性内容。

一、从依法行政到法治政府

依法行政是法治政府的基本要求，建设法治政府则是全面推进依法行政的具体体现。我国先提出"依法行政"，之后提出"法治政府"，因此法治政府建设可以视为推进依法行政事业的深化和丰富。

（一）依法治国要求依法行政

依法行政是依法治国方略在行政领域的具体体现。"文化大革命"十年浩劫之后，邓小平同志在总结经验教训时指出："民主和法制，这两个方面都应该加强，过去我们都不足……这好像两只手，任何一只手削弱都不行。"他还郑重指出："要继续发展社会主义民主，健全社会主义法制。这是三中全会以来中央坚定不移的基本方针，今后也决不允许有任何动摇。"

正是基于上述认识，改革开放初始，党和国家就将"发扬社会主义民主，健全社会主义法制"作为改革开放新时期我国社会主义政治文明建设的主要方针。1997 年，随着社会经济进一步发展，党的十五大明确提出"依法治国，建设社会主义法治国家"，将"法制"升级为"法治"，将"依法治国"确定为党领导人民治理国家的基本方略，把"建设社会主义法治国家"确定为社会主义初级阶段基本纲领的重要组成部分。

让权力在法治的框架内运行

1999 年，九届全国人大二次会议通过《中华人民共和国宪法修正案》，将"中华人民共和国实行依法治国，建设社会主义法治国家"写入宪法，"依法治国"上升为国家的基本方针，成为改革开放新时期的共识。

实行"依法治国"必然要求依法行政。依法治国，一方面，要求一切国家机关的活动都必须在法治的轨道上进行，行政机关构成国家机关的多数，依法治国重点是确保行政机关依法办事；另一方面，依法治国要求全民守法，行政机关是人民群众日常接触的最主要的执法机关，只有行政机关依法行政才能有效监督和带领全民守法。离开依法行政，依法治国就无从实现。

（二）依法行政基本要求

坚持依法行政，就必须符合依法行政的基本要求，具体包括以下六个方面。

合法行政。行政机关实施行政管理，应当依照法律、法规、规章的规定进行，不能违反法律、法规、规章的规定。同时，行政机关不得法外设定权力，没有法律法规依据不得作出减损公民、法人和其他组织合法权益或者增加其义务的决定。

合理行政。行政机关实施行政管理，应当遵循公平、公正的原则。要平等对待行政管理相对人，不偏私、不歧视。行使自由裁量权应当符合法律目的，排除不相关因素的干扰；所采取的措施和手段应当必要、适当；行政机关实施行政管理可以采用多种方式实现行政目的的，应当尽量选择较少损害当事人权益的方式。

程序正当。行政机关实施行政管理，除涉及国家秘密和依法受到保护的商业秘密、个人隐私的外，应当公开，注意听取公民、法人和其他组织的意见；要严格遵循法定程序，依法保障行政管理相对人、利害关系人的知情权、参与权和救济权。行政机关工作人员履行职责，与行政管理相对人存在利害关系时，应当回避。

高效便民。行政机关实施行政管理，应当遵守法定时限，积极履行法定职责，提高办事效率，提供优质服务，方便公民、法人和其他组织。

诚实守信。行政机关公布的信息应当全面、准确、真实。非因法定事由并经法定程序，行政机关不得撤销、变更已经生效的行政决定；因国家利益、公共利益或者其他法定事由需要撤回或者变更行政决定的，应当依照法定权限和程序进行，并对行政管理相对人因此而受到的损失依法予以补偿。

权责统一。行政机关依法履行经济、社会和文化事务管理职责，应由法律、法规赋予其相应的执法手段。行政机关违法或者不当行使职权，应当依法承担法律责任，实现权力和责任的统一。依法做到执法有保障、有权必有责、用权受监督、违法受追究、侵权须赔偿。

（三）通过建设法治政府全面推进依法行政

2004 年，在依法行政工作取得成绩和经验的基础上，国务院颁布《全面推进依法行政实施纲要》，提出"全面推进依法行政，建设法治政府"。由此可见，建设法治政府是推进依法行政工作的深化，这体现在两个方面。

第一，法治政府建设涵盖内容更广泛。依法行政主要涉及政府行政立法、行政执法、执法监督和政府自身法制建设等内容，而法治政府建设则还包含政府职能转变、行政体制改革、科学民主决策、社会矛盾化解防范机制等内容，涵盖内容比依法行政更广泛。

第二，法治政府建设触及的问题更深入。依法行政主要解决政府在进行行政活动时是否符合法律法规的问题，而法治政府建设不仅涉及合法性，也涉及合理性。法治政府建设所要建成的，不仅是一切行政活动依法、合法、守法的政府，也是一切行政活动合理、科学、有度的政府。

二、法治政府建设的目标

2014 年 10 月，党的十八届四中全会提出"加快建设职能科学、权责法定、执法严明、公开公正、廉洁高效、守法诚信的法治政府"。2015 年 12 月，中共中央、国务院颁布了《法治政府建设实施纲要（2015—2020 年)》（以下简称《法治政府纲要》)，进一步明确法治政府建设的目标。

职能科学。职能科学是法治政府建设中有关政府职能转变的目标。之所以将"职能科学"列为法治政府建设的目标，是因为政府管了太多不该管、不能管也管不好的事情，必然会影响政府依法行政。比如，如果要让政府对辖区内各类企业的经济利润承担责任，那么政府就可能在对辖区内企业严格执法方面下不了手。只有将政府职能聚焦在市场监管、社会保障和公共服务等方面上，政府才能真正成为法治政府，这也是我国法治政府建设的重要经验。

权责法定。权责法定是指各级政府及其部门的权力和责任都应当于法有据。这里的"法"，是指法律、法规和规章。其中，对于可能减损公民、法人和其他组织合法权益或者增加其义务的权力，应当有法律和法规的依据。权责法定是法治政府的基本要求。在法治国家，对政府而言是"法无授权即禁止"，对公民、企业和其他组织而言是"法无禁止即自由"，权责法定就是这一原理的具体体现。政府各部门应当依法制定本部门的权力清单和责任清单，依法设定本部门的权力和责任，将政府职能、法律依据、实施主体、职责权限、管理流程、监督方式等事项以清单的形式向社会公开，逐一厘清与行政权力相对应的责任事项、责任主体、责任方式，在实践中实现权责法定目标。

执法严明。执法严明是行政执法的最基本要求。执法严明包括两个方面：一是严格执法，通过行政执法确保法律、法规、规章得到严格实施，各类违法行为得到及时查处和制裁，公民、法人和其他组织的合法权益得到切实保障，经济社会秩序得到有效维护，行政违法或不当行为明显减少，对行政执法的社会满意度显著提高；二是公正文明执法，确保行政执法公开、公平、公正，坚持行政执法以人为本，最大限度减少行政执法对公民、法人或其他组织的不必要损害，推广运用说服教育、劝导示范、行政指导、行政奖励等非强制性执法手段，让行政执法既有力度又有温度、有高度。

公开公正。公开公正是对行政活动的一般要求。公开确保公正、公正才敢公开，因此，公开公正要贯穿行政活动的全过程，两者缺一不可。法治政府建设不仅追求形式合法性，也追求实质合法性。对于行政活动中"合法不合理"现象，也要尽量避免。严重不合理的行政活动，不仅违背社会一般认知，而且会损害公民、法人、其他组织合法权益，阻碍社会发展，应当予以坚决纠正。

廉洁高效。廉洁是对权力行使的基本要求，要求权力的行使应当基于公共利益而不是各类私利，干干净净做事、堂堂正正执法；

高效则是对行政权力行使的较高层次要求，要求行政机关及其工作人员要便捷、迅速地依法行使职权、最大限度地方便人民群众。

守法诚信。守法要求行政活动全过程都要遵守法律的要求，不仅要做到实体结果合乎法律的要求，还要做到行政程序合乎法律的要求；不仅要符合具体法律规则的要求，也要符合法律原则和法治精神的要求。诚信则要求行政机关及其工作人员要坚持"言必信、行必果"，出台的法规、政策不能朝令夕改，要保护行政相对人的合理预期。法律、法规都是公布于众的政府行为准则，是政府对人民的庄严承诺，政府守法就是最大的诚信。

三、新时代法治政府建设新趋势

2017 年，党的十九大宣布"中国特色社会主义进入了新时代"。在新时代，法治政府建设具有如下新趋势。

第一，更加强调党的领导。党的十九大报告指出，"党政军民学，东西南北中，党是领导一切的。"十三届全国人大一次会议通过的《中华人民共和国宪法修正案》将"中国共产党领导是中国特色社会主义最本质的特征"写入宪法。党的十九届三中全会通过的《深化党和国家机构改革方案》决定组建中央全面依法治国委员会，将其职责定为"统筹协调全面依法治国工作，坚持依法治国、依法执政、依法行政共同推进，坚持法治国家、法治政府、法治社会一体建设"等。因此，新时代法治政府建设更加强调党的领导。法治政府建设是党领导人民推进的伟大事业的重要组成部分。

第二，更加重视宪法的作用。党的十九大报告明确指出，"加强宪法实施和监督，推进合宪性审查工作，维护宪法权威"，"更好发挥人大代表作用，使各级人大及其常委会成为全面担负起宪法法律赋予的各项职责的工作机关"。十三届全国人大一次会议通过的《中华人民共和国宪法修正案》，将"全国人大法律委员会"更名为"全国人大宪法和法律委员会"，就是为了更好发挥宪法作用而进行的体制改革。法治政府建设作为法治建设的重要组成部分，在新时代也应当更加强调宪法的作用。

第三，更加强调体制改革的保障。我国推进依法行政、法治政府建设的一个重要经验就是将法治政府建设与行政体制改革联系起来。没有行政体制改革，法治政府建设就失去制度保障；没有法治政府建设，行政体制改革就失去前进方向。深化党和国家机构改革的目标之一，就是构建职责明确、依法行政的政府治理体系，将党和国家机构改革与依法行政联系起来。在新时代，我国法治政府建设应当更加强调行政体制改革的作用。

第四，更加强调新技术的运用。党的十九大报告在"全面增强执政本领"一段中，要求全党要"善于结合实际创造性推动工作，善于运用互联网技术和信息化手段开展工作"。当前，我国"互联网＋政务"正在如火如荼地展开，各地区各部门在"互联网＋政务"方面取得了不少成绩。在新时代，法治政府建设会更积极地运用包括互联网等在内的新技术，最大限度地减少政府内部的信息不对称，助力法治政府建设。

第二节　法治政府建设的衡量标准

法治政府建设的衡量标准，是判断法治政府是否建成的指标和准则。就法治政府建设提出衡量标准，是《法治政府纲要》的重要创新。当前我国法治政府建设稳步推进，在这个阶段，抓落实是关键。为了促进法治政府建设各项措施在各级政府和各部门真正落地，需要加大对各地区各部门法治政府建设的考核监督。

一、法治政府建设的基本原则

法治政府建设的基本原则就是法治政府建设必须遵循的底线。违背这些基本原则，法治政府建设就会偏离方向、犯根本性错误。

（一）坚持中国共产党的领导

党的领导是中国特色社会主义最本质的特征，是社会主义法治最根本的政治保证。历史和人民选择了中国共产党，党的领导是一切事业的保障。法治是现代国家治理基本方式，是党领导人民实现中华民族伟大复兴的必然选择。党的领导必须依靠社会主义法治，与社会主义法治的目标相一致，推进社会主义法治必须坚持党的领导。

（二）坚持人民主体地位

人民是依法治国的主体和力量源泉，必须坚持法治政府建设为了人民、依靠人民、造福人民、保护人民，以保障人民根本权益为出发点和落脚点。归根结底，建成法治政府不是最终目的，促进人民的幸福才是最终目的。法治政府是人民实现其意志的工具，在法治政府建设全过程，都要注意将人民群众的利益放在首位，注意调动广大人民群众的积极性助力法治政府建设。脱离人民群众搞法治政府建设是不可能成功的。

（三）坚持法律面前人人平等

平等是社会主义法律的基本属性，法律面前人人平等是社会主义法治的基本原则。在建设法治政府过程中坚持法律面前人人平等，就是要做到无论是行政机关及其工作人员，还是行政管理相对人，都必须尊重宪法法律权威，都必须在宪法法律范围内活动，都必须依照宪法法律行使权力或权利、履行职责或义务，都不得有超越宪法法律的特权。从当前我国法治政府建设的实际情况看，要将法治政府建设的重点放在运用法治机制督促行政机关及其工作人员和人民群众一道尊法守法上。

（四）坚持依法治国和以德治国相结合

国家和社会治理需要法律和道德共同发挥作用。在法治政府建设过程中坚持依法治国和以德治国相结合，就要做到一切行政活动既要合法，也要合理。违法行政活动要纠正，明显不当的行政活动也要纠正。要在法治政府建设过程中最大限度地减少"合法不合理"现象，坚持一切行政活动既要合法也要合理。同时，也要加强对行政机关及其工作人员的法治教育和道德教育。在法治政府建设过程中，既重视发挥法律的规范作用，又重视发挥道德的教化作用。法治政府不是冷冰冰的法律机器，而是用文明方式追求真善美的进步机关。

（五）坚持从中国实际出发

在中国建设法治政府，必须坚持从中国国情出发，解决中国问题、切合中国实际。当前，中国最大的国情就是仍将长期处于社会主义初级阶段。因此，在中国建设法治政府必须围绕处于社会主义初级阶段的中国面临的诸多机遇和挑战展开。在中国建设法治政府应当吸收中华法律文化精华，借鉴国外法治有益经验，但也决不能照搬外国法治理念和模式、承袭封建糟粕。

（六）坚持依宪施政、依法行政、简政放权

在法治政府建设中坚持依宪施政，是法治政府建设的宪法要求，就是要将法治政府建设与宪法实施紧密联系起来。在学术界，行政法又被称为"动态的宪法"，因为行政法与宪法一样，都是通过制约公权力实现保护私权利的法律部门。因此，法治政府建设必须贯彻宪法原则和规则，努力在法治政府建设中实施宪法。

在法治政府建设中坚持依法行政，是法治政府建设的自身要求，也是法治政府建设的"初心"，即法治政府建设最基本的内容就是要求行政机关及其工作人员依法实施行政活动。这里的"法"不仅包括狭义的法律，也包括法规、规章；不仅包括法的具体规则，也包括法的原则乃至法治精神。

在法治政府建设中坚持简政放权，是法治政府建设的体制改革要求，就是要将法治政府建设和行政体制改革紧密联系起来，通过简政放权改革推动法治政府建设，通过法治政府建设确保简政放权改革的成果。我国改革开放以来实施依法行政、建设法治政府的历史经验告诉我们，如果不进行简政放权改革、不将"全能政府"转变为"有限政府"，法治政府就很难建成。从这个中国实际出发，我国建设法治政府必须坚持简政放权改革。

（七）坚持把政府工作全面纳入法治轨道

坚持把政府工作全面纳入法治轨道的关键词是"全面"。将政府工作全面纳入法治轨道，意味着不仅要将政府针对公民、法人或其他组织的行政活动纳入法治轨道，也要将政府内部行政管理活动纳入法治轨道；不仅要将政府各类正式行政行为纳入法治轨道，也要将尚不构成行政行为的各类行政活动纳入法治轨道；不仅要将政府行政立法、行政执法和行政监督等纳入法治轨道，也要将行政决策、行政指导、行政调解等活动纳入法治轨道。总而言之，只要是政府的活动，都要符合法律的规则、原则以及法治精神。

（八）实行法治政府建设与创新政府、廉洁政府、服务型政府建设相结合

在法治政府建设中实行法治政府建设与创新政府、廉洁政府、服务型政府建设相结合，说明法治政府建设不能仅仅"就法论法"，要深刻认识到法治政府建设在我国是政府治理现代化的重要抓手，法治政府建设要为创新政府、廉洁政府、服务型政府建设提供支撑和保障。

在推进国家治理体系和治理能力现代化的事业中，法治政府建设不可能"单兵突进"。法治政府建设与创新政府建设、廉洁政府建设和服务型政府建设都是密不可分的。如果法治政府建设不能与创新政府建设相结合，法治政府中的"法"都是维护落后生产力的法、维护落后政府管理模式的法，法治政府建设反而会成为阻碍创新、阻碍政府改革的绊脚石。如果法治政府建设不能与廉洁政府建

设相结合，徇私枉法得不到遏制，则法治政府建设寸步难行。如果法治政府建设脱离了服务型政府建设的路径，法治政府就有可能沦为"依法统治人民"而不是"依法服务人民"的政府，这就脱离了法治政府建设的政治方向。

二、法治政府的基本内涵

法治政府的基本内涵，是法治政府所蕴含的基本精神和理念，是法治政府的灵魂所在。搞不清楚法治政府的基本内涵，就等于没搞清楚法治政府建设的灵魂，就会陷入法律机械主义、形式主义困境，搞出来的就不是真正的法治政府。法治政府的基本内涵具体包括以下四个方面。

（一）有限政府

有限政府是现代政府的基本特征。有限政府之"有限"是指政府与市场、政府与社会各有分工、互相配合，政府尊重市场和社会在资源配置和公共治理中的作用、尊重市场在资源配置中起决定性作用。

长期以来，我国一些地方政府和政府部门习惯大包大揽，政府完全凌驾于市场和社会之上，将本应通过市场机制和社会自治解决的问题统统归由政府解决，"全能政府"传统深厚，有限政府基础薄弱。党的十八届三中全会强调，"经济体制改革是全面深化改革的重点，核心问题是处理好政府和市场的关系，使市场在资源配置中起决定性作用和更好发挥政府作用。市场决定资源配置是市场经济的一般规律，健全社会主义市场经济体制必须遵循这条规律，着力解决市场体系不完善、政府干预过多和监管不到位问题"。党中央决心改变政府大包大揽的传统，源于我国几十年社会主义建设的正反两方面经验，源于实践并经过实践检验。

新中国成立以后，逐步建立起了高度集中的计划经济体制，政治、经济、文化、社会等所有事务几乎都纳入了政府的管理范围，甚至一盒火柴的价格都需要中央政府来决定。这种高度集中的计划经济体制，对我国社会经济从长期战争中迅速恢复具有进步意义。但随着我国社会经济的持续发展，由政府包揽一切的做法显得越来越缺乏效率。邓小平同志曾经深刻指出："我们的各级领导机关，都管了很多不该管、管不好、管不了的事，这些事只要有一定的规章，放在下面，放在企业、事业、社会单位，让他们真正按民主集中制自行处理，本来可以很好办，但是统统拿到党政领导机关、拿到中央部门来，就很难办。谁也没有这样的神通，能够办这么繁重而生疏的事情。"因此，改革开放的一个思考维度，就是逐渐将能够由市场调节的事务交给市场调节、将能够由社会自治的事务交给社会管理、将能够由公民个人承担成本的事务交由个人选择。这就将市场、社会和公民个人活力极大地释放出来，改革取得了举世瞩目的成就。

（二）责任政府

习近平总书记强调有权必有责、有责要担当、失责必追究，讲出了现代社会权力运行的基本伦理。现代法治政府也必须是责任政府。这里的责任政府有两层含义：第一层含义是宏观层面的责任政府，是指政府对其提供的公共服务、监管治理水平承担政治责任，如果政府治下出现严重的公共治理失败或者重大失误，则政府有关负责人要因此承担政治上的不利后果；第二层含义是微观层面的责任政府，是指政府及其工作人员要为其行使职权的行为承担法律和纪律责任，对于出现的违法和违纪行政行为要追究相关责任人的法律责任和行政责任。

法治政府必然是责任政府。如果责任政府没有建立起来，法治政府也是空中楼阁。法治政府建设的重心是政府及其工作人员依法办事，重点约束政府。在现实社会生活中，政府不依法办事总是有原因的，或者是基于私利，或者是懒政怠政。在这种情况下，仅仅靠政府工作人员自觉性来建设法治政府是不可能的，建设法治政府必须依靠责任政府建设。只有让违法违纪、懒政怠政行政责任人都承担相应的责任，法治政府建设才有可能实现。

在实践中，我们已经充分认识到责任政府建设的重要性，并且已着手建立责任政府。党的十八届四中全会通过的《中共中央关于全面推进依法治国若干重大问题的决定》对责任政府建设着力甚多，比如在行政决策领域要求"建立重大决策终身责任追究制度及责任倒查机制，对决策严重失误或者依法应该及时作出决策但久拖不决造成重大损失、恶劣影响的，严格追究行政首长、负有责任的其他领导人员和相关责任人员的法律责任"；再比如在行政执法领域要求"全面落实行政执法责任制，严格确定不同部门及机构、岗位执法人员执法责任和责任追究机制"。2018 年宪法修正案增加的国家监察委员会的国家机构建制，是建设责任政府的重大举措。当然，我国责任政府建设也存在诸多问题，比如追究责任程序的法治化程度还有待提高、被追究责任当事人权利救济机制还有待完善等。但对政府工作人员各方面责任要求不断加强，也是我国法治政府建设的一个重要趋势。

（三）服务政府

服务政府就是为人民服务的政府。如果将法治政府仅仅理解为依法办事的政府，甚至理解为依法管理人民的政府，这种认识是不正确的。法治政府依法办事的目的是为人民服务，法治政府是依法为人民服务的政府，不是依法凌驾于人民之上的政府。服务政府的内涵表明了建设法治政府的目的就是更好地为人民服务。

服务政府对应的是"管理政府"。尽管有时"管理"与"服务"很难区分，不排斥"管理"中有"服务"，"服务"也是一种"管理"；同样不能说管理政府就一点也没有"服务"，服务政府就不要和取消了"管理"。但两种类型的政府定位是有区别的，管理政府的手段侧重于命令、强制和处罚，而服务政府的手段侧重于指导、给付和帮助。要有效地转变政府职能，首先就要从观念上转变，从思想上完成从管理政府到服务政府的过渡。当下，我国经济发展进入新常态，社会发展面临"中等收入陷阱"等诸多风险，在继续深化改革的过程中需要政府进一步简政放权、放管结合、优化服务，凸显法治政府品质，贯穿为人民服务精神。

（四）透明政府

透明政府又称"阳光政府"，是除因保密需要外，政府一切行政活动信息应当向全社会开放，接受全社会观察，接受全社会监督。透明政府并非要求政府一切活动都是透明的，而是要求政府要以公开为常态、不公开为例外。除非法律法规明确政府不公开的事项，政府都要予以公开。

法治政府必然是透明政府，这是由法治政府自身属性决定的。

法治政府要求政府依法办事，其所依据的法律法规等都是向全社会公开发布的，行使职权的过程与结果也应向社会公开，这为法治政府成为透明政府提供了基础性支持。法治政府要求政府一切活动都公正、公平依法进行，这是政府一切活动向人民群众公开的底气。法治政府离不开全社会的监督，而公开透明则为全社会监督政府行为提供了前提和可行性。从人类政治文明、公共治理现代化的发展进程看，政府越透明、政府活动越趋于大众的期待，也就越有可能建成法治政府。

三、法治政府的具体标准

根据《法治政府纲要》内容，法治政府具体有如下标准。

（一）政府职能依法全面履行

依法全面履行政府职能包含了三个方面的内涵：一是政府要全面履行法定职能，二是要切实转变政府职能，三是要简政放权、放管结合、优化服务。第一项是解决"应当做"的问题，第二项和第三项是解决"如何做"的问题。在全面履行法定职能方面，关键是要全面履行宏观调控、市场监管、社会管理、公共服务、环境保护这五大职能；在转变政府职能方面，关键是做到习近平总书记所指出的"要最大限度减少政府对微观事务的管理"；在简政放权、放管结合、优化服务方面，关键是要创新监管方式，最大限度地降低监管成本、提高监管实效，努力降低群众和企业与政府打交道的成本，营造良好的营商环境。

（二）依法行政制度体系完备

法治政府的"法"，就是指依法行政制度体系。依法行政制度体系是否完备，是法治政府能否建成的前提。如果法治政府建设所依据的"法"都是错误的法，在这个基础上建设法治政府就是"错上加错"。依法行政制度体系完备，就是要不断提高政府立法质量，构建系统完备、科学规范、运行有效的依法行政法律、法规、规章体系，使政府管理各方面制度更加成熟更加定型，为建设社会主义市场经济、民主政治、先进文化、和谐社会、生态文明，促进人的全面发展，提供有力的立法保障。

当前，依法行政制度体系存在诸多问题，主要体现为"政府立法部门化""部门利益法制化"等问题，政府立法变成各部门维护本部门利益的工具，政府立法科学化、民主化、法治化均有待提高。因此，要实现依法行政制度体系完备这一要求，就不能仅仅看立法的数量，更要注重提高立法的质量，切实提高相关立法活动的科学化、民主化和法治化水平，使得法治政府建设的规范依据体系能够真正符合宪法和法律、体现民意、遵循科学规律，为法治政府建设提供权威、明确和正确的规范依据。

（三）行政决策科学民主合法

行政决策是政府所有行政活动的起点。推进行政决策的科学化、民主化和法治化，就是从行政活动的起点确保行政活动在法治的轨道之内运行。

确保行政决策科学性，就是要让行政决策符合客观规律、符合科学研究的共识。为此，一方面要加强对行政决策者的科学培训，提高决策者对社会主义经济、政治、法治、社会、文化等领域客观规律以及自然科学基本知识的认知；另一方面要加强行政决策过程中的专家参与机制，善于借助专业人士的智慧提高行政决策的科学化。

确保行政决策民主性，有两层含义：一是行政决策应当反映集体决策的共识，实现行政决策的内在民主性。为此，重大行政决策经政府常务会议或者全体会议、部门领导班子会议讨论，由行政首长在集体讨论基础上作出决定。二是行政决策应当反映人民群众的共识，实现行政决策的外在民主性。为此，各级政府应当建立和加强公众参与平台建设，事关经济社会发展全局和涉及群众切身利益的重大行政决策事项，广泛听取意见，与利害关系人进行充分沟通，及时反馈意见采纳情况和理由。

确保行政决策合法化，就是让行政决策全过程都在法治化轨道上运行。为此，首先要制定行政程序规定，将决策纳入法定程序和正当程序之中；其次要加强合法性审查，普遍建立政府法律顾问制度，保证法律顾问在制定重大行政决策、推进依法行政中发挥积极作用；最后还要严格决策责任追究，建立和完善重大行政决策后评估制度和有关人员的责任追究制度。

（四）宪法法律严格公正实施

能否确保宪法法律严格公正实施，是法治政府建设的外在效能标准。宪法和法律的生命力在于实施，宪法和法律的权威也在于实施。当前，实施宪法和法律的主要国家机关是行政机关，因此建设法治政府就要确保行政机关严格规范公正文明执法，确保宪法法律严格公正实施。

衡量是否实现严格规范公正文明执法，主要看以下三点。

第一，看行政执法体制是否健全，包括行政组织和行政程序法律制度是否完备，有关行政执法的机构、职能、权限、程序、责任是否已经厘清并对全社会公布，行政执法力量的配置是否与其承担的行政执法职责一致等。

第二，看行政执法人员管理是否规范，包括是否全面实行行政执法人员持证上岗和资格管理制度，行政执法不仅要"有证"，还要"持证""亮证"；是否建立一套规范执法辅助人员管理制度，明确其适用岗位、身份性质、职责权限、权利义务、聘用条件和程序等，让行政执法辅助人员敢于坚持严格规范公正文明执法；是否建立行政执法人员考核机制和纪律约束机制，推行行政执法人员平时工作考核制，对行政执法人员进行执法绩效管理；是否全面落实行政执法责任制，确定不同部门和不同岗位人员执法责任，建立健全常态化的责任追究机制；是否建立行政执法人员的培训考试制度，确保行政执法人员政治素质、法律知识和专业化水平满足执法的需要等。

第三，看是否建立强有力的行政执法保障，包括是否提供充足的行政执法职务保障，使执法人员敢于执法；是否提供充足的行政执法物质保障，使行政执法机关能够专注执法、提高执法水平等。

（五）行政权力规范透明运行

行政权力规范透明运行是衡量法治政府的内在标准。法治政府建设不是把群众关进"笼子"里，而是把政府权力关进法治"笼子"里。法治政府建设的首要指向不是群众是不是守法，而是政府行政权力是否规范透明运行。

行政权力规范运行，主要是指行政权力运行的全过程都必须符合法律、法规、规章和其他规范性文件的要求，不仅做到结果合法，还必须做到程序合法；不仅要符合各项条款的明确要求，也要符合公平正义以及法治原理的基本精神。值得注意的是，权力运行是否规范，不是政府机关自说自话，必须是人民群众和政府以外的其他监督机关说了算。

行政权力透明运行，主要是指行政权力运行全过程要尽量透明化。除涉及国家秘密、商业秘密、个人隐私以及其他依据法律法规不宜公开的事项之外，行政权力运行相关信息都应当向人民群众公开，接受全社会的监督。

（六）人民权益切实有效保障

能否实现人民权益切实有效保障，是衡量法治政府建设好坏的目的标准。我们建设法治政府，归根结底就是要通过法治政府这一治理工具切实保障人民各项权益。如果我们建设法治政府的目的不是保障人民各项权益，法治政府建设的方向就错了。

当前，要实现公民、法人和其他组织的合法权益得到切实维护，就要建成公正、高效、便捷、成本低廉的多元化矛盾纠纷解决机制，使行政机关在预防、解决行政争议和民事纠纷中的作用得到充分发挥，使公民、法人和其他组织通过法定渠道解决矛盾纠纷的比例大幅提升。

（七）依法行政能力普遍提高

依法行政能力普遍提高，是从政府自身建设角度衡量法治政府建设的具体标准。努力提升政府工作人员依法行政能力，对建成法治政府至关重要。

衡量政府工作人员依法行政能力，主要看三个层次水平：一是法律知识水平，主要是对宪法、法律、法规、规章相关规定的认识和理解水平；二是法治思维水平，主要是运用法治原理和方法论分析问题解决问题的水平；三是法治信仰水平，主要是在各种情况下坚守法治底线的决心和勇气。

第三节 在深化行政改革中加快建设法治政府

改革是中国特色社会主义事业的最强音，全面深化改革是新时代中国特色社会主义的主线。加快建设法治政府，不是从一张白纸开始的，而是从改革一系列不符合法治要求的体制机制开始的。新时代的法治政府建设，应当与深化行政改革同步进行。

深化党和国家机构改革方案

一、推进行政体制改革，拓展法治政府建设空间

行政体制改革就是改变当前行政体制中与经济社会发展不适应、不匹配甚至阻碍经济社会进一步发展的内容。根据马克思主义原理，经济基础决定上层建筑，上层建筑对经济基础亦有反作用，上层建筑要不断适应和满足经济基础发展的需要。行政体制属于上层建筑的范畴，随着我国经济社会的迅速发展，上层建筑自然要与时俱进。因此，行政体制改革没有完成时、只有进行时，必须一以贯之长期推进。

行政体制改革与法治政府建设相辅相成，互为条件。一方面，行政体制改革为法治政府建设开辟空间，法治政府建设则是行政体制改革的重要方向和法治保障。法治政府建设不仅涉及法律事务，还包括行政机关权力行使方式的变革，关系到行政权力行使的方方面面。行政体制必须向着有利于法治政府的方向变革，否则法治政府建设就没有实现空间，只能停留在法律文件上。另一方面，法治政府建设为行政体制改革确定方向、提供保障。行政体制改革的重要方向就是建设法治政府、确保行政权力在法治轨道上运行。同时，行政体制改革的成果也要通过法律、法规予以认可和固定。只有这样，行政体制改革的成果才能最大程度地呈现，行政体制改革才能稳步前进。

二、切实转变政府职能，打好法治政府建设基础

转变政府职能，是行政体制改革的首要任务。当前，转变政府职能就是要控制"政府之手"的干预范围，政府要管"政府应该管也管得好"的公共管理事务，不要管"政府不该管也管不好"的经济社会事务，将政府职能切实转变到宏观调控、市场监管、社会管理和公共服务上去。

转变政府职能不仅在"转"也在"建"，要在转变政府职能过程中构建科学的政府治理体系。具体说就是要优化政府内部机构设置和职能配置，坚持一类事项原则上由一个部门统筹、一件事情原则上由一个部门负责，加强相关机构配合联动，避免政出多门、责任不明、推诿扯皮，使机构设置更加科学、职能更加优化、权责更加协同、监督监管更加有力、运行更加高效，为法治政府建设奠定

良好基础。

三、大力打造阳光政府，让全社会监督法治政府

"阳光是最好的防腐剂"。法治政府不怕全社会监督，惧怕全社会监督的不是法治政府。监督的前提是获取相关信息。要大力打造阳光政府，必须让政府权力运行过程信息该公开的全部公开。只有这样才能真正调动全社会资源监督政府行为，通过社会监督倒逼法治政府建设。

当前，大力打造阳光政府要充分利用互联网等现代信息技术的最新成果，通过信息化建设加大政府信息公开的力度。要构建"全媒体""全覆盖""全天候"的政府信息公开平台，让群众足不出户就能获取政府权力运行的重要信息，在手机上动动手指就能监督政府活动、提交针对政府活动的意见和建议。要充分发挥大数据优势，善于实时捕捉和分析舆情民意，让政府信息公开更有针对性和实效性。

四、行政改革也要依法，牢记法治政府建设目标

守住依法行政底线是施行一切行政改革的前提。习近平总书记曾经指出："凡属重大改革都要于法有据。在整个改革过程中，都要高度重视运用法治思维和法治方式，发挥法治的引领和推动作用，加强对相关立法工作的协调，确保在法治轨道上推进改革。"因此，不论进行何种行政改革，都要守住法律底线。2018 年 4 月 27 日，十三届全国人大常委会二次会议通过《关于国务院机构改

革涉及法律规定的行政机关职责调整问题的决定》，就机构改革过程中的法律法规适用问题作出严肃规定：实施《国务院机构改革方案》需要制定、修改法律，或者需要由全国人民代表大会常务委员会作出相关决定的，国务院应当及时提出议案，依照法定程序提请审议。

加快建设法治政府是推进行政体制改革的目的。当前，加快建设法治政府就是要按照《法治政府纲要》设定的具体任务，一步一个脚印地推行各项改革措施。党的十九届三中全会通过了《深化党和国家机构改革方案》，为法治政府建设提出了新要求，提供了新动力。我们更要善于运用新环境下的新机制，调动更广泛的资源推进法治政府建设，早日实现法治政府建设的各项目标。

[延伸阅读]

国务院决定取消的行政许可等事项目录

（2018 年 7 月 28 日，共计 11 项）

序号	项目名称	审批部门	设定依据	加强事中事后监管措施
1	企业集团核准登记	市场监管总局，省级工商行政管理部门	《中华人民共和国企业法人登记管理条例》	取消审批后，市场监管总局通过以下措施加强事中事后监管：1.尽快修订有关法规规定，明确在名称中使用"集团"字样的标准和要求。2.强化企业母公司（集团公司）的信息公示，接受社会监督。

续表

序号	项目名称	审批部门	设定依据	加强事中事后监管措施
2	台港澳人员在内地就业许可	设区的市级人力资源社会保障部门	《国务院对确需保留的行政审批项目设定行政许可的决定》《国务院关于第六批取消和调整行政审批项目的决定》	取消审批后，人力资源社会保障部通过以下措施加强事中事后监管：在台港澳人员就业服务、社会保障、失业登记、劳动权益保护等方面，尽快出台配套政策措施，并指导督促地方人力资源社会保障部门抓好落实。
3	机动车维修经营许可	县级道路运输管理机构	《中华人民共和国道路运输条例》	取消审批后，交通运输部要制定完善并公布维修业务标准，督促地方交通运输主管部门通过以下措施加强事中事后监管：1.建立健全机动车维修经营备案制度，及时公布相关信息。2.要求机动车维修企业严格按照标准开展维修业务，维修服务完成后应提供明细单，作为车主追责依据。3.加强对机动车维修行为的监管，对维修企业出现违法违规行为，依法予以处罚。4.建立黑名单制度，深入推进维修诚信体系建设。

续表

序号	项目名称	审批部门	设定依据	加强事中事后监管措施
4	外商投资道路运输业立项审批	省级交通运输行政主管部门	《国务院关于取消和下放一批行政审批项目的决定》	取消审批后，交通运输部要督促地方交通运输主管部门通过以下措施加强事中事后监管：1.外商投资道路运输业享受国民待遇，严格按照国内道路运输经营相关规定进行管理，依法办理"道路旅客运输经营许可""道路货运经营许可"等相关行政许可事项。2.完善道路运输安全相关规定，加强安全检查，对违法违规行为，依法进行处罚。
5	农业机械维修技术合格证核发	县级农业机械化主管部门	《农业机械安全监督管理条例》	取消审批后，农业农村部要制定完善农业机械维修相关标准和规范，督促地方农业机械化主管部门通过以下措施加强事中事后监管：1.规范维修企业服务，引导维修企业推行承诺服务制，加强行业自律，要求维修企业提供服务明细单，作为消费者追责依据。2.加强修理人员技能培训，提高维修队伍能力和水平。3.加大对农机维修企业的抽查检查力度，严厉处罚违法违规行为，处罚结果记入信用平台，实行联合惩戒。4.畅通农机维修质量投诉渠道，有效维护消费者合法权益。

续表

序号	项目名称	审批部门	设定依据	加强事中事后监管措施
6	船舶进出渔港签证	县级渔业行政主管部门	《中华人民共和国渔港水域交通安全管理条例》	取消审批后，改为实行报告制度。农业农村部要督促地方渔业行政主管部门通过以下措施加强事中事后监管：1.明确进出港报告的内容，加强渔船管理，简化船舶进出港手续。2.通过信息系统或渔船身份识别系统掌握进出渔港船舶的状况。3.加强重点时段、重点渔船的管理，伏季休渔期保证休渔地区渔船回船籍港休渔，大力整治涉渔"三无"船舶。
7	国家重点保护水生野生动物及其产品进出口初审	省级渔业主管部门	《中华人民共和国水生野生动物保护实施条例》《中华人民共和国濒危野生动植物进出口管理条例》	取消地方初审后，由农业农村部直接受理审批。农业农村部通过以下措施加强事中事后监管：1.加强"国家重点保护水生野生动物及其产品进出口审批"，严格把关，防止有害外来生物入侵，严格控制我国珍稀动物资源外流。2.加强对水生野生动物进出口行为的监管，严厉打击违法进出口行为，处罚结果记入信用平台，实行联合惩戒。

序号	项目名称	审批部门	设定依据	加强事中事后监管措施
8	国内企业在境外投资开办企业（金融企业除外）核准初审	省级商务主管部门	《境外投资管理办法》	取消地方初审后，由商务部直接受理审批。商务部通过以下措施加强事中事后监管：采取重点督查和"双随机、一公开"检查等方式加强监管。
9	设立分公司备案	省级及以下工商行政管理部门	《中华人民共和国公司登记管理条例》	取消该事项后，工商和市场监管部门通过以下措施加强事中事后监管：建设维护信息系统，完善规章制度，明确分公司设立信息要及时推送、及时更新、及时掌握，加强监管。
10	外商投资合伙企业设立、变更、注销分支机构备案	省级及以下工商行政管理部门	《外商投资合伙企业登记管理规定》	取消该事项后，工商和市场监管部门通过以下措施加强事中事后监管：建设维护好信息系统，完善规章制度，明确分支机构设立、变更、注销信息要及时推送、及时更新、及时掌握，加强部门协同监管。

续表

序号	项目名称	审批部门	设定依据	加强事中事后监管措施
11	营业执照作废声明	各级工商行政管理部门	《中华人民共和国公司登记管理条例》	取消该事项后，工商和市场监管部门采取以下管理措施加强事中事后监管：对营业执照遗失或损毁申请补领的，不再要求申请人委托媒体刊登作废声明，改为在审批部门官方网站免费发布公告。

——中华人民共和国中央人民政府网站

⤳ 本章小结 ⤳

建设法治政府是建设法治中国的基本要求，是推进国家治理体系和治理能力现代化的重要抓手，也是当代中国行政体制改革的主要目标。自 2004 年国务院颁布《全面推进依法行政实施纲要》提出建设法治政府以来，我们取得了很大成绩，但法治政府建设之路仍然任重道远。建设法治政府必须坚持党的领导、人民当家作主和依法治国三者有机统一，必须坚持宪法原则，必须以经济建设为中心，必须与政府职能转变和深化行政体制改革有机结合，必须坚持立法、执法和监督并重。应当按照"职能科学、权责法定、执法严明、公开公正、廉洁高效、守法诚信"的总体目标加快建设法治政府，最终实现政府职能依法全面履行、依法行政制度体系完备、行政决策科学民主合法、宪法法律严格公正实施、行政权力规范透明运行、人民权益切实有效保障、依法行政能力普遍提高。

【思考题】

1. 法治政府建设的目标是什么？

2. 如何在深化行政改革中加快建设法治政府？

第五章
深化司法改革　提高司法公信力

党的十八大以来，以习近平同志为核心的党中央从推进国家治理体系和治理能力现代化、建设社会主义法治国家的高度，对深化司法体制改革作出系统化的顶层设计，做成了想了很多年、讲了很多年但没有做成的改革，推动中国特色社会主义司法制度不断完善、司法公信力不断提升。党的十九大进一步作出部署，引领司法体制改革进入新时期、新阶段。

习近平：深化司法体制改革

第一节　完善司法机构职能体系

习近平总书记指出，党和国家机构职能体系是中国特色社会主义制度的重要组成部分。党的十八大以来，中央围绕完善法院、检察院机构职能体系作出了一系列部署。随着十九大后党和国家机构改革全面启动，政法部门机构改革与司法体制改革进一步融合，加快构建优化协同高效的司法机构职能体系。

一、优化法院检察院机构职能体系

一是进一步优化法院、检察院内设机构设置。长期以来，一些地方特别是市县级法院、检察院内设机构林立、"官多兵少"，导致推诿扯皮、效率低下。各级法院、检察院坚持扁平化管理和专业化建设相结合，综合机构和业务机构同步改革，机构改革和办案组织建设统筹考虑，推进机构整合、职能优化，让更多的司法人员回归办案一线。同时，适应新时代检察工作需要，最高人民检察院设立公益诉讼检察厅，加强对公共利益的司法保护；推动整合刑事检察职能，强化民事、行政检察职能。

二是最高人民法院设立巡回法庭。近年来，随着社会矛盾增多，全国法院受理案件数量不断增加，尤其是大量案件涌入最高人民法院，导致审判接访压力增大，息诉罢访难度增加，不利于最高人民法院发挥监督指导全国法院工作职能，不利于维护社会稳定，不利于方便当事人诉讼。按照中央统一部署，最高人民法院分别在深圳、沈阳、南京、郑州、重庆、西安设立了六个巡回法庭，审理跨行政区域重大行政和民商事案件。这有利于审判机关重心下移、就地解决纠纷、方便当事人诉讼，有利于最高人民法院本部集中精力制定司法政策和司法解释、审理对统一法律适用有重大指导意义的案件。截至 2018 年 6 月底，六个巡回法庭累计接待群众来访 22 万人次，共审结案件 2.1 万件，被群众称为"家门口的最高人民法院"。

　　三是设立知识产权法院、互联网法院、金融法院等。2014 年，北京、广州、上海知识产权法院相继挂牌成立，对所在省（直辖市）的相关知识产权案件实行跨区域管辖。这对完善知识产权专业化审判机制，加强知识产权平等保护，促进国家知识产权战略发展和提升司法公信力具有重大作用。2017 年 8 月，全国首家互联网法院——杭州互联网法院挂牌成立。2018 年 7 月，中央决定增设北京、广州互联网法院。这是司法主动适应互联网发展大趋势的一项重大制度创新，对维护网络安全、化解涉网纠纷、促进互联网和经济社会深度融合意义重大。2018 年 8 月，上海金融法院正式挂牌成立，这将有利于健全完善金融审判体系，提高金融审判专业化水平，营造良好金融法治环境。

　　四是探索设立跨行政区划人民法院、人民检察院。随着社会主义市场经济深入发展和行政诉讼大量出现，跨行政区划乃至跨境案件越来越多，涉案金额越来越大，导致法院所在地有关部门和领导越来越关注案件处理，甚至利用职权和关系插手案件处理，造成相关诉讼出现"主客场"现象，不利于平等保护外地当事人合法权益、保障法院独立审判、监督政府依法行政、维护法律公正实施。探索设立跨区划法院、检察院，有利于排除对审判工作和检察工作的干扰、保障法院和检察院依法独立公正行使审判权和检察权，有利于构建普通案件在行政区划法院审理、特殊案件在跨行政区划法院审理的诉讼格局。跨行政区划法院、检察院目前在北京、上海两个直辖市采取依托铁路运输法院、检察院加挂牌子的方式设立，整合了相关审判力量，优化了司法资源配置。

二、优化公安机关机构职能体系

一是围绕优化职能配置、机构设置、力量配置，理顺事权关系、层级关系、结构关系，重塑警务组织形态、警务流程形态、警力配置形态，构建符合新时代要求的现代警务管理体制。

二是扎实推进公安现役部队改革，按照军是军、警是警、民是民原则，完善行业公安管理体制。公安消防部队不再列武警部队序列，全部退出现役。公安警卫部队不再列武警部队序列，全部退出现役。海警队伍转隶武警部队，按照先移交、后整编的方式，将国家海洋局（中国海警局）领导管理的海警队伍及相关职能全部划归武警部队。武警部队不再领导管理武警黄金、森林、水电部队，按照先移交、后整编的方式，将武警黄金、森林、水电部队整体移交国家有关职能部门，官兵集体转业改编为非现役专业队伍。武警部队不再承担海关执勤任务，参与海关执勤的兵力一次性整体撤收，归建武警部队。

三是组建国家移民管理局。将公安部的出入境管理、边防检查职责整合，建立健全签证管理协调机制，组建国家移民管理局，由公安部管理。实现移民管理工作归口一个部门、一支队伍管理，建立健全签证管理协调机构，更好地服务于国家外交和人才战略，进一步提升我国国际软实力。

三、优化国家安全机关机构职能体系

国家安全机关是承担反间谍等工作、保卫国家安全的专门机关。2014 年 4 月 15 日，习近平总书记主持召开中央国家安全委员会第一次会议并发表重要讲话，强调要准确把握国家安全形势变化新特点新趋势，坚持总体国家安全观，走出一条中国特色国家安全道路。优化国家安全机关机构职能体系，就是要深入贯彻总体国家安全观，加快完善领导体系、作战体系、支撑体系、人才体系、监督体系，推进实施组织形态、工作布局、工作模式、技术手段、干部素质现代化。

四、优化司法行政机关机构职能体系

全面依法治国是国家治理的一场深刻革命，必须在党的领导下，遵循法治规律，创新体制机制，全面深化依法治国实践。根据党的十九届三中全会关于党和国家机构改革部署，为贯彻落实全面依法治国方略，加强党对法治政府建设的集中统一领导，统筹行政立法、行政执法、法律事务管理和普法宣传，推动政府工作纳入法治轨道，将司法部和国务院法制办的职责整合，重新组建司法部，作为国务院组成部门。新组建的司法部主要职责是负责有关法律和行政法规草案起草，负责立法协调和备案审查、解释，综合协调行政执法，指导行政复议应诉，负责普法宣传，负责监狱、戒毒、社区矫正管理，负责律师公证和司法鉴定仲裁管理，承担国家司法协助等。

第二节　以司法责任制改革为核心的
重大基础性改革

司法人员分类管理、司法责任制、司法职业保障制度和省以下地方法院人财物统一管理改革，是中央确定的司法体制改革四项基础性重大改革任务，在司法体制改革中处于基础性、关键性地位。2014 年起，在各地分批试点，逐步推开。

一、司法人员分类管理制度改革

习近平总书记强调，建立符合职业特点的司法人员管理制度，在深化司法体制改革中居于基础性地位。长期以来，我国对司法人员简单按普通公务员管理，没有体现司法人员的职业特点。司法人员分类管理制度改革是全面深化司法体制改革的一项重要任务，也是探索实施科学的司法人事管理制度的必然要求，其主要内容是把法院、检察院人员分为法官和检察官、审判辅助人员和检察辅助人员、司法行政人员，分别实行不同的管理制度，推动建立以法官和检察官为中心、以服务审判工作为重心的司法人力资源配置模式，让司法人员各归其位、各尽其责。

法官、检察官员额制改革，是司法人员分类管理的核心，也是落实司法责任制的基石，在本轮司法体制改革中居于重要的基础性地位。实行员额制改革后，法官、检察官数量相比改革前减少约 1/3。为配合法官、检察官员额制改革落实，一是为进入员额的法官、检察官建立单独职务序列，法官、检察官等级与行政职级脱钩，实行按期晋升、择优选升、特别选升相结合的晋升机制，有效打通法官、检察官的职业发展通道。二是改革法官、检察官选任制度，设立有各方人员广泛参与的遴选委员会，加大法官、检察官选任的公开度、认可度，同时，拓宽法官、检察官来源渠道，建立法官、检察官逐级遴选机制，完善从符合条件的律师、法学专家中公开选拔法官、检察官制度。三是推进司法辅助人员制度改革，建立法官助理、检察官助理和书记员职务序列管理，积极推进聘用制书记员管理改革，构建以法官为中心，法官助理和书记员各负其责、相互衔接的审判运行体系。

二、司法责任制改革

司法责任制改革，被习近平总书记称为司法体制改革的"牛鼻子"，是党的十八大以来司法体制改革的关键与核心。党的十九大更进一步提出"深化司法体制综合配套改革，全面落实司法责任制"的重大战略部署。在2019年1月召开的中央政法工作会议上，习近平总书记再次强调：要全面落实司法责任制，让司法人员集中精力尽好责、办好案，提高司法质量、效率、公信力。要聚焦人民群众反映强烈的突出问题，抓紧完善权力运行监督和制约机制，坚决防止执法不严、司法不公甚至执法犯法、司法腐败。司法责任制改革的目标是实现"让审理者裁判、由裁判者负责"，健全完善权责明晰、权责统一、监督有序、依法问责、运转高效的新型司法权运行体系。一方面，取消行政化的案件审批制。确立法官和合议庭、检察官和办案组办案主体地位，实现让审理者裁判。除审判委员会讨论决定的案件外，院庭长对未直接参加审理的案件，一律不再审核签发裁判文书。取消未入额法官的独立办案权限，只能协助员额法官参与办案。另一方面，坚持放权不放任、监督不缺位，明确院庭长监管权责清单，依托信息化手段开展全流程监管，规范院庭长行使监督管理权的方式。建立防止领导干部和内部人员干预过问案件记录、通报和追责制度，对"批条子""打招呼"等违法干预过问案件情形实行记录、通报和问责。完善统一法律适用机制，建立专业法官会议制度，为审判组织提供专业咨询意见。完善办案质量终身负责制和错案责任倒查问责制，法官、检察官在法定职责范围内对办案质量终身负责。

三、司法职业保障制度改革

2016 年 7 月，中共中央办公厅、国务院办公厅印发的《保护司法人员依法履行法定职责规定》，为法官、检察官依法独立履职提供了有力的制度保障。一是完善保障司法人员依法履职机制。健全完善司法人员履行法定职责保护机制，非因法定事由，非经法定程序，不得将法官、检察官调离、免职、辞退或者作出降级、撤职等处分。任何单位或者个人不得要求法官、检察官从事超出法定职责范围的事务。加强对司法人员及其近亲属人身财产安全保障和隐私保护，维护司法人员名誉。各级人民法院建立法官权益保障委员会，保护法官各项合法权益，为司法人员依法履职提供组织保障。二是完善司法人员工资制度。建立与法官、检察官单独职务序列相适应、符合司法职业特点的薪酬保障制度，适当提高司法人员的工资水平。健全完善薪酬与工作职责、实绩相联系的绩效奖金分配机制，充分调动一线办案人员工作积极性。三是完善维护司法权威的制度。落实刑法修正案（九）中关于扰乱法庭秩序罪的规定和诉讼法规定的强制措施，加大对妨碍法官、检察官依法履职，诬告陷害法官、检察官，藐视法庭权威，严重扰乱审判秩序等违法犯罪行为的惩罚力度。

四、省级以下地方法院、检察院人财物统一管理改革

省级以下地方法院、检察院机构编制实行由省级机构编制部门管理为主，高级人民法院、省级人民检察院协同管理的体制。各地建立省级以下地方法院、检察院的法官、检察官统一由省级提名、管理并按法定程序任免的机制。法官助理、检察官助理由省级公务员主管部门会同高级人民法院统一招录。改革法院、检察院财物管理体制，建立省以下地方法院、检察院财物统一由省级以上管理。省级以下地方法院、检察院所需经费，由中央和省级列入预算予以全额保障。

由于我国经济社会发展不平衡，不同地方司法保障水平差别较大，实行财物省级统一管理，有的地方确实存在困难。根据中央部署，各省区市从实际出发，因地制宜推进这项改革。条件具备的，由省级统一管理或以地市为单位实行统一管理；条件不具备的，可暂缓实行。需要指出的是，无论是否实行省级统一管理，市、县党委及其政法委对政法机关的思想、政治领导不变。市、县法院、检察院党组仍要向同级党委定期汇报工作，法院院长、检察院检察长仍是同级党委政法委成员。市、县法院、检察院要正确处理与同级党委及其政法委的关系，确保党管政法的原则落到实处。市、县党委政法委要把工作着力点放在把握政治方向、协调各方职能、统筹政法工作、建设政法队伍、督促依法履职、创造公正司法环境上，更好地保障党的路线方针政策贯彻落实，保障宪法法律正确统一实施。

第三节 加强人权司法保障

尊重和保障人权是我国宪法规定的重要原则，司法领域的人权保障是实施宪法规定的重要内容。党的十八届三中全会《决定》提出完善人权司法保障制度；十八届四中全会再次明确加强人权司法保障，这是党中央对人权保障问题的重要部署，体现了我们党高度重视落实国家尊重和保障人权的宪法原则的明确态度。

一、依法纠正冤假错案

党的十八届四中全会提出，健全冤假错案有效防范、及时纠正机制。党的十八大以来，政法机关先后纠正了一系列重大错案。以坚决果断的态度依法纠正聂树斌案、呼格吉勒图案、张氏叔侄案、于英生案、陈建阳案、陈满案等重大冤假错案40余件，涉案人员近百人，并依法予以国家赔偿，让正义最终得以实现，以纠正错案推动法治进步。对约3000名公诉案件被告人和约2000名自诉案件被告人依法宣告无罪，确保无罪的人不受刑事追究，有罪的人受到公正惩罚。为深刻吸取教训，中央政法委及中央政法各单位均出台关于切实防止冤假错案的指导意见，在司法理念、机制、措施等方面提出防范和改进的办法，严格落实罪刑法定、证据裁判、疑罪从无等原则。司法实践中，政法机关加强机制创新，建立异地复查再审制度，探索公开听证模式，完善冤假错案主动发现、依法复查和及时纠正机制，依法保障申诉人、被告人、申诉代理律师合法权利。人民群众从一次次防范和纠正冤假错案的举动中，感受到党中央对建设公正高效权威社会主义司法制度的坚定决心，感知到司法在改革中迈向公平公正的坚实脚步。

二、废止劳动教养制度

党的十八届三中全会通过的《中共中央关于全面深化改革若干重大问题的决定》明确提出，废止劳动教养制度，完善对违法犯罪行为的惩治和矫正法律，健全社区矫正制度。2013 年 12 月 28 日，十二届全国人大常委会第六次会议通过了《关于废止有关劳动教养法律规定的决定》，在我国存在 56 年的劳教制度退出历史舞台。废止劳教制度，维护了法律权威，对于完善人权司法保障具有标志性意义，能够为推进法治中国建设提供更加有力的保障，也有利于进一步提升我国在国际上的良好形象。

轻微刑事案件速裁试点被认为是在劳教制度废除后，对轻微刑事案件快速办理机制新的延伸。2014 年 6 月 27 日，十二届全国人大常委会第九次会议表决通过《关于授权最高人民法院、最高人民检察院在部分地区开展刑事案件速裁程序试点工作的决定》，轻微刑事案件的刑事诉讼过程，在北京等 18 个试点城市被简化。轻微刑事案件快速办理机制使拘役刑成为治安处罚与有期徒刑之间一个很好的过渡和衔接。司法机关把严重的违法行为、构成犯罪又不属于严重犯罪的，通过轻刑快审快速侦办、审理，只送到拘役场所，以达到教育矫治的目的。

三、完善国家司法救助制度

党的十八届三中全会通过的《中共中央关于全面深化改革若干

重大问题的决定》，要求完善人权司法保障制度，健全国家司法救助制度。2014 年 1 月，中央政法委、财政部、最高人民法院、最高人民检察院、公安部、司法部等六部委向社会公布《关于建立完善国家司法救助制度的意见（试行）》，对遭受犯罪侵害或民事侵权，无法通过诉讼获得损害赔偿，造成生活困难的当事人或近亲属予以司法救助。建立国家司法救助制度，体现了党的十八大以来以习近平同志为核心的党中央对人民的关怀爱护，体现了国家的责任担当，既彰显党和政府的民生关怀，又促进实现社会公平正义，促进社会和谐稳定，维护司法权威和公信力。

第四节　诉讼制度改革

健全完善诉讼制度，优化诉讼程序机制，是司法体制改革的重要内容。根据党的十八大和十八届三中、四中全会的改革部署，我国重点推进了以审判为中心的刑事诉讼制度改革、认罪认罚从宽制度改革、人民陪审员制度改革等重要举措，推动形成科学完善的诉讼制度体系，确保司法公正高效廉洁。

一、以审判为中心的刑事诉讼制度改革

多年来，在我国刑事司法实践中，侦查机关存在非法取证或者没有及时、客观、全面收集证明犯罪嫌疑人有罪或无罪的证据的情况，这也是导致冤假错案发生的重要原因。推进以审判为中心的诉讼制度改革，就是立足我国国情和司法实际，对刑事司法机制和职

权配置进行优化与重塑，旨在通过贯彻罪刑法定、疑罪从无、证据裁判、庭审中心等原则，推动"诉讼以审判为中心""审判以庭审为中心"，实现惩罚犯罪和保障人权相统一，确保有罪的人受到公正惩罚、无罪的人不受刑事追究。党的十八届四中全会作出了推进以审判为中心的诉讼制度改革的重大部署。2016 年以来，中央全面深化改革领导小组先后审议通过《关于推进以审判为中心的刑事诉讼制度改革的意见》《关于办理刑事案件严格排除非法证据若干问题的规定》，对以审判为中心的刑事诉讼制度改革进行科学系统的顶层设计。推进以审判为中心的诉讼制度改革，强调发挥好审判特别是庭审在查明事实、认定证据、保护诉权、公正裁判中的重要作用，把证据裁判要求贯彻到刑事诉讼各环节，健全非法证据排除制度，促使办案人员树立办案必须经得起法律检验的理念，通过法庭审判的程序公正实现案件裁判的实体公正，防范冤假错案发生，促进司法公正。

二、认罪认罚从宽制度改革

刑事诉讼中认罪认罚从宽制度，是宽严相济、坦白从宽刑事政策的具体化和制度化，有利于及时准确惩罚犯罪、强化人权司法保障和优化司法资源配置。2016 年 9 月，全国人大常委会作出决定，授权最高人民法院、最高人民检察院在北京等 18 个地区开展刑事案件认罪认罚从宽制度试点工作，并将 2014 年开展的刑事速裁试点改革统一纳入认罪认罚从宽制度改革继续试点。在制度内容上，认罪认罚从宽制度以案件分流机制为基础，建立完善实体处罚和程序适用规则，实现程序上从简、实体上从宽，鼓励保障犯罪嫌疑人、被告人自愿认罪、悔罪、认罚。适用的案件限于犯罪嫌疑人、被告人自愿如实供述自己罪行，对指控犯罪事实没有异议，同意人民检察院量刑建议并签署具结书的案件。在审理程序上，对于基层人民法院管辖的可能判处三年有期徒刑以下刑罚的案件，被告人认罪认罚的，可以适用速裁程序，由审判员独任审判，不进行法庭调查、法庭辩论，当庭宣判。

三、深化案件繁简分流

当前，经济社会持续快速发展，人民法院受理案件数量不断增多，案多人少矛盾突出。为合理配置司法资源、推进案件繁简分流，最高人民法院深入推进案件繁简分流机制改革，出台《关于进一步推进案件繁简分流优化司法资源配置的若干意见》，以改革的方法破解实践中遇到的难题，运用繁简分流机制促进提升司法责任制改革成效。各地法院对案件进行分层分流处理，充分发挥简易程序、速裁程序、小额程序、督促程序等特别程序作用，实现"简案快审"。改革后，适用简易程序审结案件同比上升21%。2016年，各级人民法院配备专职调解员8480人，调解案件72.5万件，调解成功38万件，成功率保持在50%以上，通过专职调解分流化解大量简易案件，让法官集中精力审理疑难复杂案件。

四、完善人民调解制度

2018年是毛泽东同志批示学习"枫桥经验"55周年，也是习近平同志指示坚持发展"枫桥经验"15周年。"枫桥经验"是党领导人民创造的一整套行之有效的社会治理方案，是新时代政法综治战线必须坚持和发扬的"金字招牌"。各地坚持和发展"枫桥经验"，人民调解领域不断拓展，医疗纠纷、道路交通、劳动争议、物业纠纷等行业性、专业性人民调解组织普遍建立。目前，全国共有人民调解组织 76.6 万个，其中行业性、专业性人民调解组织 4.3 万个，2017 年共调解行业、专业领域矛盾纠纷 141.8 万件。人民调解工作机制不断健全，各地深化人民调解与行政调解、司法调解衔接联动工作机制。矛盾纠纷排查化解工作成效显著。近年来，全国人民调解组织每年调解矛盾纠纷 900 万件左右，调解成功率 96% 以上，为维护社会和谐稳定作出了积极贡献。

[延伸阅读]

让"枫桥经验"在新时代发扬光大

"小事不出村，大事不出镇，矛盾不上交。"

20 世纪 60 年代由浙江枫桥干部群众创造的"枫桥经验"，历经全国各地坚持和发展，焕发出旺盛生机与活力，成为全国政法综治战线的一面旗帜。2018 年 11 月 12 日，中央政法委和浙江省委在"枫桥经验"发源地联合召开纪念大会，正是要在新时代坚持发展"枫桥经验"，加快推进基层社会治理现代化，努力建设更高水平的平安中国，不断增强人民群众获得感、幸福感、安全感。

55 年前，毛泽东同志批示学习推广"枫桥经验"。

15年前，时任浙江省委书记的习近平同志明确要求充分珍惜、大力推广、不断创新"枫桥经验"。5年前，习近平总书记作出重要指示，要求把"枫桥经验"坚持好、发展好。55年来特别是党的十八大以来，各地在继承的基础上创新，在积累的基础上深化，推动"枫桥经验"落地生根，从乡村"枫桥经验"衍生出城镇社区"枫桥经验"、海上"枫桥经验"、网上"枫桥经验"，从社会治安领域扩展到经济、政治、文化、社会、生态等领域。实践充分证明，"枫桥经验"是党领导人民创造的一整套行之有效的社会治理方案，是新时代政法综治战线必须坚持和发扬的"金字招牌"。"枫桥经验"之所以历久弥新、富有活力，就在于始终依靠党的领导这一最大优势，始终坚守人民至上这一不变初心，始终弘扬改革创新这一时代精神，始终激活基层基础这一深厚本源。

新时代坚持和发展"枫桥经验"，就要始终践行党的群众路线。群众路线是我们党的生命线和根本工作路线，无论时代如何变化，群众路线这个党的传家宝不能丢。"枫桥经验"依靠群众就地化解矛盾，实质就是贯彻落实党的群众路线。与时俱进地把"枫桥经验"坚持好、发展好，就要把党的领导作为根本保证，推动健全党委领导、政府负责、社会协同、公众参与、法治保障的基层社会治理体制，凝聚起基层社会治理的强大合力；把"以人民为中心"作为根本立场，努力满足人民群众美好生活新需要，让城乡群众成为基层社会治理的最大受益者、最广参与者、最终评判者。

新时代坚持和发展"枫桥经验"，就要创新群众工作方法。"枫桥经验"的生命力就在于创新，各地区各有关部门根据形势变化不断赋予其新的内涵，创新了党建引领的方式方法，探索了群众路线的实践路径。进入新时代，我国社会主要矛盾发生历史性变化，人民群众在社会治理、平安建设等方面呈现新需求。与时俱进地把"枫桥经验"坚持好、发展好，就要以改革创新为动力，把自治、法治、德治作为根本方式，努力构建基层社会善治新体系；把预测预警预防作为根本任务，努力打造矛盾风险防控新模式；把基层基础建设作为根本支撑，努力激发基层社会治理新动能。

发展是硬道理，稳定也是硬道理，抓发展、抓稳定两手都要硬。坚定不移走中国特色社会主义社会治理之路，把党的群众路线坚持好、贯彻好，让"枫桥经验"在新时代发扬光大，提高社会治理社会化、法治化、智能化、专业化水平，加快形成共建共治共享的社会治理格局，我们就一定能确保人民安居乐业、社会安定有序、国家长治久安。

——《人民日报》2018 年 11 月 13 日

五、深化人民陪审员、人民监督员制度改革

人民陪审员、人民监督员制度是社会主义民主政治的重要内

容，是公民有序参与司法的重要渠道，对推进司法民主、促进司法公正具有重要作用。

人民陪审员是依法从人民群众中吸收的参加审判的人员。党的十八大以来，人民陪审员制度的改革着眼于拓宽选任来源、扩大参审范围等重点，解决此前一些地方存在的人民陪审员"陪而不审""审而不议"、参与和监督司法的作用发挥不够的问题。2018年4月，十三届全国人大常委会第二次会议通过了《中华人民共和国人民陪审员法》，规定凡是拥护宪法，年满28周岁，遵纪守法、品行良好、公道正派，具有正常履行职责的身体条件，一般具有高中以上文化程度的中国公民，原则上都具备担任人民陪审员的资格。人民陪审员的广泛性和代表性进一步增强，同时，参审案件的范围也进一步扩大。对涉及群体利益、公共利益、社会影响较大、案情复杂等情形的第一审案件，十年以上有期徒刑、无期徒刑、死刑、公益诉讼及其他有重大社会影响的刑事、民事、行政案件，由人民陪审员与法官组成大合议庭审理，人民陪审员只参与审理事实问题。

人民监督员制度，是检察机关为了加强外部监督，防止和纠正检察机关在办案中出现不公的问题，从人民群众中吸收力量进行监督的制度。党的十八大以来，人民监督员制度的改革进一步拓宽了人民监督员的选任范围，并改由司法行政机关选任人民监督员，进一步健全了对犯罪嫌疑人、被告人的权利保护机制。

六、深化律师制度改革

主要任务是围绕全面推进依法治国，完善律师执业保障机制，加强律师队伍建设，建设一支拥护党的领导、拥护社会主义法治的高素质律师队伍，充分发挥律师在全面依法治国中的重要作用。加强律师行业党的建设，2017年10月司法部党组成立全国律师行业党委，建立了上下贯通一体的律师行业党建工作体制，着力推动党建工作全覆盖。充分发挥律师作用，开展刑事辩护全覆盖试点、律师调解试点，推进律师参与信访工作，完善律师代理申诉制度，推动律师参与城市治理。截至2018年12月，律师队伍发展到36万余人，律师年均办理诉讼案件350多万件，非诉讼法律事务84万件，为50多万家政府部门和企事业单位担任法律顾问。进一步扩大法律援助范围，实现看守所、人民法院法律援助工作站全覆盖，民事、行政法律援助覆盖面不断扩大，指导推动地方将劳动保障、婚姻家庭、食品药品等与基本民生紧密相关的事项纳入法律援助补充事项范围。2013年以来，全国办理法律援助案件数超过500万件，有效维护了困难群众合法权益。

第五节　规范执法司法行为

党的十八届四中全会《决定》将规范司法行为作为保证公正司法、提高司法公信力的一项重要措施。很多时候人们感到司法不公，与司法人员行为不规范密切相关。促使司法机关和司法人员依法规范行使职权，使司法机关的各项活动在制度框架内有序进行，既能推动司法活动规范化、程序化，又能让社会公众对司法机关的司法行为有更加稳定的预期，从而更好地实现司法公正，提高司法公信力。

一、切实提升公安执法规范化水平

大力推动受案立案制度改革。针对受案立案环节存在的报案不接、该受不受、该立不立、违法受立案等群众反映强烈的突出问题，公安部要求各地对受理的案件，除性质和事实涉及国家秘密的以外，必须进行网上登记。特别是对群众上门报案的，要求做到"三个当场"，即当场进行接报案登记，当场接受证据材料，当场出具接报案回执并告知查询案件进展情况的方式和途径。全面规范执法办案场所的设置和管理。公安部制定出台执法办案场所设置规范和使用管理规定，将执法办案场所分为接待区、办案区、办公区和生活区，并提出办案区使用的"四个一律"要求：嫌疑人被带至公安机关后，一律直接带入办案区，一律先进行人身检查，一律有人负责看管，一律有视频监控并记录。截至 2018 年底，全国公安机关基层一线办案所队全面完成办案区建设改造任务，建成办案中心 3800 余个，执法安全和执法效率同步提升，非正常死亡等执法事故大幅度下降。大力推行执法全过程记录制度。公安部印发指导意见，将现场执法、讯问嫌疑人、嫌疑人在办案区活动轨迹等视频资料关联整合，并与执法办案信息系统关联使用，着力打造全面覆盖、有机衔接、闭环管理的执法记录链条，实现执法活动全程留痕、可回溯管理。

二、大力推进基本解决执行难工作

党的十八届四中全会明确提出"切实解决执行难""依法保障胜诉当事人及时实现权益"的目标。为落实这一要求，最高人民法院提出要用两到三年时间基本解决执行难的工作目标，实现"四个基本"，即被执行人规避执行、抗拒执行和外界干预执行现象基本得到遏制，人民法院消极执行、选择性执行、乱执行的情形基本消除，无财产可供执行案件终结本次执行的程序标准和实质标准把握不严、恢复执行等相关配套机制应用不畅的问题基本解决，有财产可供执行案件在法定期限内基本执行完毕。在党中央的坚强领导下，执行工作受到前所未有的重视。2016 年，中共中央办公厅、国务院办公厅印发了《关于加快推进失信被执行人信用监督、警示和惩戒机制建设的意见》，中央政法委多次对人民法院执行工作提出明确要求，作出部署。党委领导、政法委协调、人大监督、政府支持、法院主办、部门配合、社会参与的综合治理执行难工作格局已初步形成并不断完善。最高人民法院与公安部、民政部、自然资源部、交通运输部、中国人民银行、中国银行保险监督管理委员会等 16 家单位和 3900 多家银行业金融机构联网，可以查询被执行人全国范围内的不动产、存款、金融理财产品、船舶、车辆、证券、网络资金等 16 类 25 项信息，基本实现对被执行人主要财产形式和相关信息的有效覆盖，极大提升了执行效率，实现了执行查控方式的根本变革。最高人民法院与国家发展改革委等 60 家单位签署文件，推进失信被执行人信用监督、警示和惩戒机制建设，采取 11 类 37 大项 150 项惩戒措施，对失信被执行人担任公职、党代表、人大代表、政协委员以及出行、购房、投资、招投标等进行限制，让失信被执行人"一处失信、处处受限"。

三、严格规范减刑、假释、暂予监外执行

前些年，减刑、假释、暂予监外执行工作中暴露出一些问题，

尤其是一些"有权人""有钱人"被判刑之后，减刑相对较快、假释及暂予监外执行比例高，甚至暗藏徇私舞弊、权钱交易，造成恶劣影响。为此，党的十八届三中全会和四中全会分别提出"严格规范减刑、假释、保外就医程序，强化法律监督"，"完善刑罚执行制度，统一刑罚执行体制"的明确要求。为回应人民群众关切，严格抓好贯彻落实，中央政法委印发《关于严格规范减刑、假释、暂予监外执行　切实防止司法腐败的意见》，对减刑、假释、暂予监外执行提出新要求、新标准；大力推进信息化建设，开通"全国法院减刑、假释、暂予监外执行信息网"、全国减刑假释信息化办案平台，实现审判机关与检察机关、刑罚执行机关的全面互联互通、全面网上办案、全面依法公开、全面智能支撑；强化办案公开透明，全国法院办理减刑假释案件全面落实"五个一律"工作要求，做到立案有公示、开庭有公告、庭审有公开、文书有公布；深化狱务公开，司法部印发《关于进一步深化狱务公开的意见》等文件，依法向罪犯及其亲属和社会公众公开执行刑罚和管理过程中的法律依据、程序、结果，创新公开方式，常态化开展监狱开放日、监狱长接待日等工作；建立和完善社区矫正法律制度，进一步加强社区矫正工作衔接配合管理，积极组织社会力量参与社区矫正工作。2018年，社区服刑人员数量达 70 万，接近监狱押犯数量的一半，社区服刑人员重新犯罪率一直处于 0.2% 左右的较低水平。

四、规范涉案财物处置

司法不公、贪赃枉法的一个突出问题就发生在刑事诉讼涉案财物处置的过程中，社会反映十分强烈。党的十八届三中、四中全会明确提出"规范查封、扣押、冻结、处理涉案财物的司法程序"。2015 年 3 月，中共中央办公厅、国务院办公厅印发《关于进一步规范刑事诉讼涉案财物处置工作的意见》。一方面，进一步规范涉案财物查封、扣押、冻结程序，建立办案部门与保管部门、办案人员与保管人员相互制约制度，完善涉案财物先行处置程序、审前返还程序。另一方面，提高查询、冻结、划扣工作效率，完善违法所得追缴、执行工作机制，健全境外追逃追赃工作体制机制，进一步加强协调配合和监督制约。

五、建立健全司法行政戒毒制度

司法部出台《司法行政机关强制隔离戒毒工作规定》《关于进一步加强司法行政戒毒工作的意见》《司法行政机关强制隔离戒毒所生活卫生管理规定》等一系列政策文件，戒毒工作科学化专业化水平不断提高，戒毒医疗水平持续提升，教育矫治针对性和实效性不断提高，康复训练工作取得明显成效，开创新时代司法行政戒毒工作的新局面。截至 2018 年 12 月，司法部全系统共有戒毒场所369 个，在册强制隔离戒毒人员 24.3 万人。

第六节 完善便民利民机制

推进司法改革，要始终坚持以人民为中心，自觉把人民群众摆在最高位置，站稳人民立场，贯彻群众路线，把改革重心放在解决人民群众最急、最忧、最怨的现实问题上，把赢得民心民意、汇聚民智民力作为重要着力点，真正做到人民有所呼、改革有所应。

一、大力推进立案登记制和诉讼服务改革

人民法院按照党中央部署，以"有案必立、有诉必理"的承诺持续深化立案登记制改革，取得重大成效。2013 年至 2017 年的 5 年里，全国法院受理案件同比增长 67.2%，基本解决了人民群众反映强烈的"立案难"问题，切实保障了当事人诉权。畅通大厅立案、预约立案、上门立案等常规立案渠道，不断提高当场立案效率。全面推行网上立案，开通网上预约立案和网上立案，让当事人及其代理人足不出户就可以完成立案手续。形成以当场立案为主体，网上立案、自助立案、跨域立案等为支撑的全覆盖、立体式、多元化的登记立案体系，立案渠道更加畅通。全面推进诉讼服务大厅、诉讼服务网、移动终端、"12368"热线建设，打造全覆盖、立体式、综合性的诉讼服务平台，服务当事人的广度和深度不断拓展。全面促进信息化与诉讼服务工作的深度融合，诉讼服务中心信息化建设取得重大突破。将诉讼服务中心打造成社会公共法律服务中心，基本形成以法官为支撑、司法辅助人员和聘用制人员为主体、社会第三方广泛参与的工作格局。截至 2017 年底，超过 98% 的法院设立了诉讼服务大厅，2711 家法院开通诉讼服务网，1137 家法院开通诉讼服务手机应用，1958 家法院开通律师服务平台，2405 家法院开通"12368"诉讼服务热线。

二、大力推进司法公开

按照习近平总书记"努力让人民群众在每一个司法案件中感受

到公平正义"的要求，政法机关深化审判、检务、警务、狱务公开，把司法和执法活动"晒"在阳光下，让公平正义以老百姓看得见的方式实现。公开的制度越来越实。按照"公开为原则、不公开为例外"的要求，公、检、法、司机关都制定了一系列具体的流程规定，倒逼司法、执法行为越来越规范。公开的平台越来越宽。最高人民法院建成全世界最大的裁判文书网，截至 2018 年底，公开 5750 万篇裁判文书，总访问量突破 210 亿次。通过互联网直播庭审超过 200 万场，访问量超过了 130 亿次，这样公开的力度和广度，不仅在我国是空前的，在世界上也是独一无二的。公开的效果越来越好。各级政法机关普遍建立微博、微信公众号等新媒体，主动发出权威声音，让一起起热点案件成为一堂堂生动的全民法治公开课，推动全社会法治意识显著提升。

三、大力推进"阳光警务"

为进一步加强和规范执法公开工作，公安部印发《公安机关执法公开规定》，要求向社会公开执法信息，向当事人提供执法信息查询服务，开展网上公开办事，着力构建高效、便捷、公正、透明的"阳光警务"新机制。各地省级公安机关普遍建立运行了执法公开平台，一些地方公安机关实现了行政处罚决定文书和行政复议决定文书网上公开。通过深化执法公开，以公开倒逼规范，公安机关执法公信力明显提升，同时也达到了"让数据多跑腿，让群众少跑路"。深化执法信息化建设，公安部印发《公安机关执法办案信息系统使用管理规定》，规定各地开发应用全省（自治区、直辖市）统一的执法办案信息系统，除案件性质和事实涉及国家秘密外的所有行政、刑事案件均应当通过办案系统网上办理、网上审核审批等。自 2016 年开始，公安部连续两年组织开展全国公安机关网上执法巡查，积极推动网上执法办案。

四、大力推进公益诉讼制度改革

公益诉讼制度对保障社会公共利益、优化司法职权配置、推进法治政府建设具有重要的意义和作用。2015 年 7 月，全国人大常委会作出决定，授权在北京等 13 个省、自治区、直辖市开展为期两年的检察机关提起公益诉讼试点。人民法院、人民检察院针对生态环境和资源保护、食品药品安全、国有资产保护、国有土地使用权出让等领域深入开展公益诉讼制度，建立完善了检察机关提起民事公益诉讼和行政公益诉讼的制度体系和程序机制。在民事公益诉

2018 年前 11 个月全国检察机关立案公益诉讼案件近 9 万件　　　　　　　　　（新华社发　李栋 / 制图）

讼方面，以保护生态环境和自然资源、维护消费者合法权益、促进和改善民生为重点，切实保障社会公共利益。在行政公益诉讼方面，建立完善行政公益诉讼诉前程序，诉讼前人民检察院应当向行政机关提出检察建议，督促其依法履行职责，超过 75% 的行政机关在收到检察建议后主动纠正了违法行为。

～ 本章小结 ～

　　司法是维护社会公平正义的最后一道防线，司法公正对社会公正具有重要引领作用。党的十八大以来，司法体制改革取得了辉煌成就，根本上是因为坚持以习近平新时代中国特色社会主义思想为指导，把完善和发展公正高效权威的社会主义司法制度、推进国家治理体系和治理能力现代化作为司法改革的总体目标，走出一条中国特色社会主义司法体制改革道路。新时代推进司法体制改革，必须坚持顶层设计和基层探索相结合，充分调动中央和地方两个积极性；坚持体制改革和科技应用相结合，推动司法体制改革跨越式发展；坚持改革和法治相结合，确保在法治轨道上推进改革；坚持解决思想问题和解决实际问题相结合，最大限度调动政法干警积极性；坚持激发内力和善借外力相结合，形成司法体制改革强大合力。

【思考题】

1. 新时代深化司法体制改革包括哪些主要内容?

2. 为什么说司法责任制改革是司法体制改革的"牛鼻子"?

第六章

创新社会治理 建设法治社会

法治社会是法治国家和法治政府的基础，是推进全面依法治国的重要内容，是建设社会主义法治国家的有机组成部分。全面依法治国，努力建设中国特色社会主义法治社会，必须持之以恒、久久为功、与时俱进地深入开展法治宣传教育，大力弘扬社会主义法治精神，努力形成守法光荣的良好氛围，积极广泛开展依法治理活动，加强和创新社会治理，不断推动社会治理法治化。

第一节 推动全社会树立法治意识

法治意识是人们对法律、规则、守法等现象的认识和态度。习近平总书记指出："法律要发挥作用，需要全社会信仰法律。卢梭说，一切法律中最重要的法律，既不是刻在大理石上，也不是刻在铜表上，而是铭刻在公民的内心里。"法律必须要被信仰，否则便形同虚设。如果一个社会的大多数人对法治没有意识，对法律没有信仰，对守法没有信心，那就不可能建成法治社会。要引导全社会树立法治意识，使人们发自内心地遵守和信仰宪法法律，把法律精神、法律原则、法律规范内化为日常的行为习惯，积极、主动、自觉地遵守宪法法律。只有这样，才能为深化依法治国实践，建成法治国家、法治政府和法治社会，奠定坚实的社会基础，构筑不竭的实施动力，提供强大的精神力量。

一、深入开展法治宣传教育

习近平总书记指出："全面推进依法治国，必须坚持全民守法。全民守法，就是任何组织或者个人都必须在宪法和法律范围内活动，任何公民、社会组织和国家机关都要以宪法和法律为行为准则，依照宪法和法律行使权利或权力、履行义务或职责。"全民守法是对"有法必依"的创新和发展，是建设法治中国的重要环节，是全面推进依法治国的基础工程。党的十八届四中全会通过的《中共中央关于全面推进依法治国若干重大问题的决定》明确提出："坚持把全民普法和守法

习近平：加快建设社会主义法治国家

作为依法治国的长期基础性工作，深入开展法治宣传教育"。党的十八届五中全会通过的《中共中央关于制定国民经济和社会发展第十三个五年规划的建议》进一步提出："弘扬社会主义法治精神，增强全社会特别是公职人员尊法学法守法用法观念，在全社会形成良好法治氛围和法治习惯。"推进全民普法和守法已成为党和国家的重要工作。全面推进依法治国需要全社会共同参与，需要全社会

法治观念的培育，必须在全社会弘扬社会主义法治精神，建设社会主义法治文化。

（一）法治宣传教育的对象

全民守法包括领导干部、法治专门队伍、普通公民和青少年的守法，法治宣传教育的对象也主要包括这四者。习近平总书记指出："各级领导干部作为具体行使党的执政权和国家立法权、行政权、司法权的人，在很大程度上决定着全面依法治国的方向、道路、进度。党领导立法、保证执法、支持司法、带头守法，主要是通过各级领导干部的具体行动和工作来体现、来实现。"领导干部带头学法、模范守法是全社会树立法治意识的关键。在全社会弘扬法治精神，实现全民守法，各级领导干部和国家公职人员以身作则是关键，立法、执法、司法等部门中的法治专门队伍严格依法办事是重点，全体公民自觉尊法学法守法用法是基础。其中，领导干部、国家公职人员、法治专门队伍等，他们既具有特殊的职业和身份，同时又是中华人民共和国公民。法治宣传教育的对象是全体公民，重点是国家公职人员。对于普通公民而言，法治宣传教育的目的不仅是让每个公民知法尊法守法，更重要的是让广大公民学会运用法律武器维护自己的合法权益；对于国家公职人员而言，法治宣传教育要求他们牢固树立法治观念，更加自觉地依法办事、依法执法、依法用权；对于全社会而言，法治宣传教育则要求弘扬社会主义法治精神，培育社会主义法治文化，形成良好的法治氛围。此外，青少年作为国家和民族的未来，作为中国特色社会主义事业的接班人，他们的法治意识、法治素养和法治观念也在很大程度上决定着我国社会主义法治国家建设的未来。习近平总书记强调："要坚持法治教育从娃娃抓起，把法治教育纳入国民教育体系和精神文明创建内容，由易到难、循序渐进不断增强青少年的规则意识。"进一步推进法治宣传教育，要深入贯彻落实党的十八届四中全会《决定》和习近平总书记的指示，把法治教育纳入国民教育体系，在中小学设立法治知识课程，强化学校、家庭、社会"三位一体"的青少年法治教育格局，加强青少年法治教育实践基地建设，增强青少年的法治观念。

（二）法治宣传教育的内容

党的十八届四中全会提出了完善国家工作人员学法用法制度，把法治教育纳入国民教育体系，健全普法宣传教育机制，实行国家机关"谁执法谁普法"的普法责任制，建立法官、检察官、行政执法人员、律师等以案释法制度，加强普法讲师团和普法志愿者队伍建设，把法治教育纳入精神文明创建内容，健全媒体公益普法制度等许多重要措施。这些都是对过去几十年普法工作经验的深刻总结和对普法规律认识的进一步深化，是推动法治宣传教育工作进一步发展的有力举措。在全面依法治国的新时代背景下，深入开展法治宣传教育的关键和核心在于推进领导干部这一"关键少数"的尊法学法守法用法水平。要进一步完善和落实党委（党组）理论中心组学法、政府常务会议会前学法等制度，提高各级领导干部依法决策、依法行政、依法办事的能力、水平和素养。健全领导干部任前法律知识考试或考核制度，落实领导干部年度述法制度，完善领导干部法治教育培训制度。努力使各级领导干部掌握履行职责所必需的法律知识，增强依法执政、依法行政、依法治理意识，带头维护宪法和法律权威，自觉依法办事，提高运用法治思维和法治方式深化改革、推动发展、化解矛盾、维护稳定的能力。

二、建设社会主义法治文化

习近平总书记强调："提高全体人民特别是各级领导干部和国家机关工作人员的宪法意识和法制观念，弘扬社会主义法治精神，努力培育社会主义法治文化"。党的十八届四中全会《决定》也提出："必须弘扬社会主义法治精神，建设社会主义法治文化"。法治文化是法治国家建设的文化基础，是文化软实力的核心构成，也是社会主义精神文明建设的重要内容。实践证明，蕴含、体现和彰显法治精神的法治文化，对法治国家、法治政府和法治社会一体建设起着不可替代的基础性作用。唯有让法治成为一种文化、一种信仰、一种核心价值，内化于心、外化于行，才能真正实现良法善治，建成法治中国。因此，必须大力加强中国特色社会主义法治文化建设，让社会主义法治文化在中华大地上落地生根，深入人心。

建设社会主义法治文化，必须深刻认识社会主义法治文化的先进性。社会主义法治文化作为中华传统法律文化的批判继承和发扬光大，作为人类法治文明有益成果的借鉴和吸收，作为当代中国先进文化的重要组成部分，是公平正义、自由平等、保障人权、民主法治等社会主义基本价值的集中体现，是全体人民意志和党的主张相统一的集中体现，是社会主义伦理道德与社会主义法治精神相统一的集中体现，是社会主义法治理论与社会主义法治实践相统一的集中体现，是社会主义法治意识形态与全面落实依法治国基本方略相统一的集中体现，是法治宣传教育与培养法治行为习惯相统一的集中体现，代表了先进法治文化的前进方向。

建设社会主义法治文化，必须深刻把握社会主义法治文化的丰富内涵。社会主义法治文化是由体现社会主义先进文化内在要求的法治价值、法治精神、法治意识、法治理念、法治思想、法治理论等精神文明成果，反映中国特色社会主义民主政治本质特征的法律制度、法律规范、法治机制等制度文明成果，以及自觉依法办事和尊法守法等行为方式共同构成的一种先进文化现象和法治进步状态。作为社会主义精神文明成果的法治文化，它是一个法治价值理论体系；作为社会主义制度文明成果的法治文化，它是一个法治制度规范体系；作为社会主义社会行为方式的法治文化，它是一个法治行为体系。

建设社会主义法治文化，重点是加强公民意识教育。从一定意义上讲，加强社会主义法治文化建设、在全民中开展法治宣传教育，主要就是进行公民意识教育。加强公民意识教育是社会主义法治文化建设的基础。公民意识教育是指培养公民参与管理社会公共事务的价值、知识和技能。要通过适当的教育手段促使公民养成对自身主体身份的正确认识，从而塑造公民的政治态度和法律意识，使之能准确地把握自己同国家之间的关系，调整自己的心态和行为。

建设社会主义法治文化，各级领导干部必须率先垂范、以身作则。加强对领导干部的法治教育是社会主义法治文化建设的关键。各级领导干部重视与否，关乎社会主义法治文化建设的成败。习近平总书记强调："事实证明，领导干部对法治建设既可以起到关键推动作用，也可能起到致命破坏作用。"加强社会主义法治文化建设，对于各级领导干部来说，应当牢固树立法治观念，提高法治素质，增强依法办事的能力，坚决反对和清除各种"人治"文化。

通过对领导干部进行社会主义法治文化教育，要求其牢固树立五种观念：一是立党为公、执政为民和依法执政的执政观念；二是以人为本、权为民所用、情为民所系、利为民所谋的民本观念；三是尊重和保障人权、法律面前人人平等的人权观念；四是民主立法、依法行政、公正司法和依法监督的法治观念；五是人民当家作主、民主选举、民主决策、民主管理、民主监督的民主观念。

建设社会主义法治文化，还要坚持把法治建设和道德建设有机结合起来。习近平总书记在十八届中央政治局第四次集体学习时深刻指出，要坚持依法治国和以德治国相结合，把法治建设和道德建设紧密结合起来，把他律和自律紧密结合起来，做到法治和德治相辅相成、相互促进。实践证明，任何现代国家的法律和道德都不可能分离，法治和德治都需要结合。在我国，实施依法治国基本方略应当与坚持党的领导、人民民主相统一，与以德治国相结合。正如习近平总书记指出的："法律是成文的道德，道德是内心的法律，法律和道德都具有规范社会行为、维护社会秩序的作用。"

三、创新普法领导体制和运行机制

习近平总书记强调："推进全民守法，必须着力增强全民法治观念。要坚持把全民普法和守法作为依法治国的长期基础性工作，采取有力措施加强法制宣传教育。"要想在全社会树立法律权威，培育社会成员办事依法、遇事找法、解决问题靠法的良好环境，自觉抵制违法行为，自觉维护法治权威，其前提是对包括领导干部在内的所有社会成员进行普法。全民普法是全民守法的前提，是推动全社会树立法治意识的关键，是建设法治社会的基础。当前我国的普法领导体制还比较单一，运行机制还不顺畅，创新和发展普法领导体制和运行机制是在新时代背景下进一步深化依法治国实践的重要内容。

（一）健全普法领导体制

当前，我国的普法和法治宣传教育工作主要是由司法部以及以司法部为主体的全国普法办负责，普法的范围以行政机关和普通民众为主，难以有效地辐射到党的机关、立法机关和司法机关等。《深化党和国家机构改革方案》提出："为加强党中央对法治中国建设的集中统一领导，健全党领导全面依法治国的制度和工作机制，更好落实全面依法治国基本方略，组建中央全面依法治国委员会，负责全面依法治国的顶层设计、总体布局、统筹协调、整体推进、督促落实，作为党中央决策议事协调机构。"中央全面依法治国委员会的建立，有利于优化普法的领导体制，全面整合普法资源，加强对以领导干部为重要突破口的普法工作的统一领导，特别是有利于加强对各级党委和党的机关领导干部的普法和法治宣传教育工作。

（二）创新普法宣传形式

党的十八届四中全会提出了完善国家工作人员学法用法制度、把法治教育纳入国民教育体系、建立以案释法制度、把法治教育纳入精神文明创建内容、健全媒体公益普法制度等许多重要措施。党的十九大报告将"善于运用互联网技术和信息化手段开展工作"作为增强改革创新本领的重要内容，"互联网＋普法"是创新普法宣传方式的有效路径。在新时代背景下创新普法宣传方式，增强普法宣传实效，要深入推进"互联网＋普法"、智慧普法模式，建立具备法律需求收集分析、法律知识推送、在线法律服务供给、法律需求智能匹配响应等功能于一身的普法平台，加快推进法治宣传信息化管理平台升级改造，建立普法电子档案管理系统，实现法治宣传公共数据资源开发开放、共建共享。要以老百姓的法律服务需求为中心，以领导干部权力行使中的常见法律问题为导向，深化分业、分类、分众法治宣传教育，开展精准普法、精细普法、精彩普法。通过互联网技术，开展形式多样、生动活泼、图文并茂的普法活动，寓法于乐、融法于心、用法于行，让法律真正成为所有社会成员的日常习惯。

（三）落实普法责任制

普法工作范围广、周期长、见效慢，责任难以分解到机关、分解到部门、分解到人，因此，如何对普法责任进行分解、对普法成效进行评估一直制约着我国普法工作的开展。首先，要对普法责任进行分解，落实普法责任制。根据"谁执法谁普法""谁服务谁普法"的要求，从事执法工作、法律服务工作的主体都有义务进行普法，要把宪法和法律宣传作为各部门各行业的共同任务，推动宪法和法律进机关、进学校、进企业、进社区、进乡村、进军营、进家庭等，使宪法和法律走进千家万户，融入人民群众的日常生产生活。其次，要加强对普法工作的督导和评估，推进普法常态化、程序化、实效化。要积极推动将普法考核纳入党委政府绩效考核、精神文明创建考核的内容，让普法考核刚性运行，防止流于形式。同时，设计科学的普法工作评估指标体系，开展"谁执法谁普法""谁服务谁普法"第三方评估，并推动评估结果的运用。

第二节　创新社会治理的法治方式

党的十九大报告提出："加强社会治理制度建设，完善党委领导、政府负责、社会协同、公众参与、法治保障的社会治理体制，提高社会治理社会化、法治化、智能化、专业化水平。"社会治理的社会化、协同化、智能化、专业化，既是新形势下提升社会治理现代化水平的客观要求，也是创新社会治理法治方式的重要内容。习近平总书记强调："人类社会发展的事实证明，依法治理是最可靠、最稳定的治理。"要运用法治思维和法治方式推进社会治理。

一、社会治理的社会化

社会治理意味着国家和政府不再是单一的治理主体，民众和社会组织也要积极参与社会治理，进而实现多元共治。社会治理的社会化意味着基层组织和部门、行业的主体自治管理，支持各类社会主体自我约束、自我管理、自我监督、自我服务。社会治理的重心在基层、在社区、在村庄。社区和村庄的服务和管理能力强了，社会治理的基础也就实了。开展法治创建活动，是推进依法治理的重要载体和有效途径。2008 年以来，司法部、全国普法办在全国组织开展了法治城市、法治县（市、区）创建活动，目前已覆盖 93% 的地（市、州、盟）和 86.6% 的县（市、区、旗），同时积极开展"民主法治示范村""民主法治社区"创建活动，全社会依法治理水平明显提高。要深入开展法治创建活动，拓展领域，创新形式，增强实效。要健全完善科学完备的法治建设指标体系和考

"水上法庭"船上调解便民亲民　　　（新华社发　饶国君／摄）

核标准，推进法治创建活动制度化、规范化。要在新时代创新和发展"枫桥经验"——小事不出村，大事不出镇，矛盾不上交。深入开展多层次多形式法治创建活动，应当深入贯彻村民委员会组织法、城市居民委员会组织法等基层群众自治法律法规，健全完善村（居）群众组织，推进村民委员会、居民委员会依照法律和章程自主管理村（居）事务，使广大基层群众在自我管理、自我服务中增强法治意识和权利义务观念，提高依法管理社会事务的意识和能力。

（一）农村治理的社会化

在农村应当坚持村民自治，进一步深入开展依法治村，充分发挥村委会的作用，推行村级"民主选举、民主决策、民主管理、民主监督"，实行"两公开、一监督"制度；办理村内的公共事务和公益事业，调解民间纠纷，协助维护社会治安，向人民政府反映村民的意见、要求和提出建议；支持和组织村民依法发展各种形式的合作经济和其他经济，承担本村生产的服务和协调工作，促进农村生产建设和社会主义市场经济的发展；支持集体经济组织依法进行经济活动，维护以家庭承包经营为基础、统分结合的双层经营体制，保障集体经济组织和村民、承包经营户、联户或者合伙的合法财产权及其他合法权益；依照法律规定，管理本村属于村民集体所有的土地和其他财产，教育村民合法利用自然资源，保护和改善生态环境；宣传宪法、法律、法规和国家的政策，教育和推动村民履行法律和政策规定应尽的义务，爱护公共财产，维护村民的合法权利和利益，发展文化教育，普及科技知识，促进村与村之间的团结和互助，开展多种形式的社会主义精神文明创建活动。

（二）城市治理的社会化

在城市应当坚持城市居民自治原则，进一步深入推进城市社区的依法治理。应当切实履行好居委会组织法赋予的法定职责——宣传宪法、法律、法规和国家的政策，维护居民的合法权益，教育居民履行依法应尽的义务，爱护公共财产，开展多种形式的社会主义精神文明建设活动；办理本居住地区居民的公共事务和公益事业；调解民间纠纷；协助维护社会治安；协助人民政府或者它的派出机关做好与居民利益有关的公共卫生、计划生育、优抚救济、青少年教育等项工作；向人民政府或者它的派出机关反映居民的意见、要求和提出建议。应当坚持和发展社区民主选举制度，规范社区民主选举程序，扩大社区居委会直接选举覆盖面。依法明确规定居委会成员候选人的资格条件，做到为居民服务的人由居民自己选，居民自己的事情自己管。完善社区民主管理制度和社区居民自治机制，深入开展以居民会议、议事协商、民主听证为主要形式的民主决策实践，以自我管理、自我教育、自我服务为主要目的的民主管理实践，以居务公开、民主评议为主要内容的民主监督实践，全面推进居民自治制度化、规范化、程序化。应当探索网上论坛、民情恳谈、社区对话等有效形式，鼓励社区居民和驻区单位广泛参与，保障社区居民的知情权、参与权、决策权、监督权。

二、社会治理的协同化

社会治理除了要优化政府与社区、村庄的关系，还要优化政府与企业、事业单位、社会团体的关系，推进社会治理的协同化。在全面依法治国、加快建设社会主义法治国家的时代背景下，推进依法治理，要把法治方式与经济管理手段、行政管理手段、舆论引导手段、政治思想教育方式、社会自治方式、行业自律方式、心理疏导方式等结合起来，使各种治理方式方法形成合力，相互补充，彼此衔接，共同推动法治社会建设。尤其要把体现国家意志的法律规范与体现社会主体自治意思的各种社会规范结合起来，把法律法规与市民公约、乡规民约、行业规章、团体章程等其他社会规范结合起来，充分发挥法律的他治规范与乡规民约等社会自治规范相互补充、相辅相成的作用。一方面，国家的法律法规要为社会自治规范的制定、实施和遵守留下应有空间，法律不能包治天下；另一方面，市民公约、乡规民约、行业规章、团体章程等社会自治规范的制定和实施，不仅要符合国家宪法法律的原则和社会主义法治精神，符合社会主义道德和公序良俗，不得同国家法律法规相抵触，而且要与国家法律法规相衔接、相补充、相配合，拾遗补阙，细化深化。

2015年7月中共中央发布的《关于加强和改进党的群团工作的意见》（以下简称《意见》）第一次明确提出："群团事业是党的事业的重要组成部分，党的群团工作是党治国理政的一项经常性、基础性工作，是党组织动员广大人民群众为完成党的中心任务而奋斗的重要法宝。工会、共青团、妇联等群团组织联系的广大人民群众是全面建成小康社会、坚持和发展中国特色社会主义的基本力量，是全面深化改革、全面推进依法治国、巩固党的执政地位、维护国家长治久安的基本依靠。"《意见》进一步要求："群团组织维权工作应该主动有为，哪里的群众合法权益受到侵害，哪里的群团组织就要帮助群众通过合法渠道、正常途径，合理伸张利益诉求，促进社会公平正义。要主动代表所联系群众参与相关法律法规和政策的制定，推动建立健全协调劳动关系等方面制度机制，从源头上保障群众权益、发展群众利益。善于运用法治思维和法治方式维权，注重通过集体协商、对话协商等方式协调各方利益，通过信访代理、推动公益诉讼、依法参与调解仲裁等方式为利益受到损害或侵犯的群众提供帮助。同时，要引导群众识大体、顾大局，依法理性表达诉求，自觉维护社会和谐稳定。"2015年9月中共中央办公厅印发的《关于加强社会组织党的建设工作的意见（试行）》指出，包括社会团体、民办非企业单位、基金会、社会中介组织以及城乡社区社会组织等在内的社会组织，是我国社会主义现代化建设的重要力量，是党的工作和群众工作的重要阵地。由此可见，人民团体和社会组织不仅是我国社会主义现代化建设的重要力量和基本依靠，也是法治国家和法治社会建设的重要主体，是深入开展法治宣传教育、推进全面依法治国具体实践的生力军。

三、社会治理的智能化

党的十九大报告强调我们党要"增强改革创新本领，保持锐意进取的精神风貌，善于结合实际创造性推动工作，善于运用互联网技术和信息化手段开展工作"。运用互联网技术和信息化手段开展社会治理工作是贯彻落实党的十九大精神的具体举措。随着互联网特别是移动互联网的发展，社会治理模式正在从单向管理转向双向互动，从线下转向线上线下融合，从单纯的政府监管向更加注重社会协同治理转变。我们提出推进国家治理体系和治理能力现代化，信息是国家治理的重要依据，要发挥其在这个进程中的重要作用。要以信息化推进国家治理体系和治理能力现代化，统筹发展电子政务，构建一体化在线服务平台，分级分类推进新型智慧城市建设，打通信息壁垒，构建全国信息资源共享体系，更好用信息化手段感知社会态势、畅通沟通渠道、辅助科学决策。在互联网时代，"互联网＋"已经融合了不同业态、不同领域、不同事务，也对社会治理产生了深远影响，信息是社会治理的重要依据。社会治理的智能化主要体现为行政决策的智能化、行政执法的智能化、社会矛盾化解的智能化。

（一）行政决策的智能化

行政决策是政府行为的逻辑起点，对公民、法人和其他组织的权利义务有着广泛和深刻的影响。《法治政府建设实施纲要（2015—2020年）》提出要推进行政决策科学化、民主化、法治化。《关于全面推进政务公开工作的意见》提出："推进结果公开。各级行政机关都要主动公开重大决策、重要政策落实情况，加大对党中央、国务院决策部署贯彻落实结果的公开力度。"通过互联网等信息技术平台公开重大行政决策的事项、依据等内容，征求相关主体的意见并作出意见反馈，以及通过互联网对决策事项进行大数据分析和实证分析，可以消除信息不对称，促进行政决策的科学化，显著提升行政决策的公众参与有效性、正当性和可接受性，推动行政决策的顺利出台和高效实施。

（二）行政执法的智能化

信息化、智能化对行政执法的推动作用主要表现在：其一，信息化、智能化优化行政执法资源的配置。通过互联网、信息化技术积累呈现的执法数据、执法信息和执法状况，有利于决策者在决定执法资源（包括执法人数、执法设备、执法财政拨款等）在横向的不同执法部门、纵向的不同层次部门之间科学配置时作出更好的决策。其二，信息化、智能化推动行政执法方式的便民化。通过互联网设立网上办事平台、执法信息平台等，极大地方便了公众和社会组织办事，也是落实高效便民原则、建设服务型政府的具体举措。其三，信息化、智能化促进行政执法结果的可接受性。行政执法的可接受性取决于行政执法的程序正义和实体正义，通过行政执法的公示和全过程记录可以有效地提升行政执法的程序正义和实体正义，而信息化技术是行政执法公示和全过程记录制度的基石。

（三）社会矛盾化解的智能化

信息化、智能化对社会矛盾化解具有正反两方面的作用。一方面，信息化对社会矛盾的产生与扩大具有推波助澜的作用，增加了化解社会矛盾的难度。由于互联网的便捷性和隐匿性，很多社会矛盾纠纷的信息首先通过网上传播和发酵，极易发展成为现实的矛盾纠纷，网络已经成为表达社会不满和抗争的最重要渠道。现在的社会矛盾经常是首先通过网络的形式发出声音。另一方面，信息化、智能化也有助于社会矛盾的预防和化解。以互联网为核心的信息化技术强化了证据固定，在社会矛盾化解的事实认定方面提供了更为准确、便捷的方式。信息化技术在不断完善行政复议、行政诉讼、行政调解、信访等社会争议解决渠道的申请方式和程序进程，高效便民原则不断得以落实。信息化技术增强了以立法、行政、司法、社会等方式监督和制约行政权力的能力，显著提升不同权力监督途径的有效性。互联网已成为现代社会里行使监督权力、化解社会矛盾的利器。

四、社会治理的专业化

习近平总书记指出："要把全面推进依法治国的工作重点放在基层，发挥基层党组织在全面推进依法治国中的战斗堡垒作用，加强基层法治机构和法治队伍建设，教育引导基层广大党员、干部增强法治观念、提高依法办事能力，努力把全会提出的各项工作和举措落实到基层。"社会治理的基础在基层，重心在基层，难点也在基层。加强基层法治机构和法治队伍建设，提升社会治理的专业化水平，是创新社会治理法治方式的重要保障。

基层法治队伍的建设大致有两条路径：一是引进优秀的法学毕业生，充实基层法治队伍；二是通过各种各样的法治培训，提升现有基层法治队伍的能力和素质。当前，我国绝大部分地区的基层法治队伍中缺少法律专业的毕业生，队伍的整体素质不高。因此，要制定吸引优秀法学毕业生扎根基层、服务基层、奉献基层的倾斜性政策，夯实基层社会治理的法治人才基础。此外，对于既有的从事基层社会治理的人员来说，在职的法治培训是提高其业务本领、法律职业素养的唯一方法。要加强对基层法治队伍培训的组织领导，坚持思想政治培训和业务能力培训并重，善于将中国特色社会主义法治理论的内容糅进相关法治业务的培训课程中，坚持多元性、生动性、实践性的培训理念，通过课堂教学、法庭观摩、案例研讨、法治辩论等多种培训方法，融合生动性和实践性，增强法治培训的效果。

第三节　提高社会治理法治化水平

一般认为，社会治理主要是指政府和社会组织为促进社会系统的协调运转，对社会系统的组成部分、社会生活的不同领域以及社会发展的各个环节，所进行的组织、协调、指导、规范、监督活动与过程。其基本任务是协调社会关系、规范社会行为、解决社会问题、化解社会矛盾、促进社会公正、应对社会风险、维持社会和谐等。随着我国经济社会的快速发展，社会结构和思想观念发生了很大变化。特别是在互联网乃至移动互联网时代，微博、微信等新兴媒体和通信工具进一步增强了舆论监督力量，传统的社会管理方式面临着巨大挑战。一方面，社会的急剧转型导致部分群众心理失衡，诱发对社会的不满情绪；公民的权利意识日益增强，维权热情高涨，也在一定程度上影响社会稳定。另一方面，我国政府对社会的某些管理方式仍然停留在计划经济时代，缺乏适应时代发展且长期有效的治理方式。陈旧的政府包办、单位约束、思想教育、行政处理等手段已经不能适应新的社会形势，亟须创新社会治理方式。加强依法治理，提高社会治理的法治化水平，势在必行。

一、创新社会组织管理的法律机制

党的十八届四中全会《决定》提出："加强社会组织立法，规范和引导各类社会组织健康发展。"社会组织是社会治理的重要主体和基础细胞。创新社会组织管理的法律机制，通过法律规范和引导社会组织健康发展，有利于充分发挥社会组织的专业优势及其在社会治理中的功能，推动政府职能转变，优化政府和社会的关系，提高社会治理的法治化水平。

创新社会组织管理的法律机制，应当加强社会组织立法，清晰准确地界定各类社会组织的功能和界限，明确权力和责任，促进社会组织明确定位、依法自治、发挥功能。要完善政府向社会组织购买公共服务、予以财政补助和税收优惠等政策，购买服务范围要从后勤服务扩展到养老、医疗、科学研究等公共服务项目。要完善社会组织税收制度，稳步推进志愿服务制度化，推进行业协会的改革，从体制上为行业协会发展松绑，加强社会组织人才队伍建设。要发挥社会组织公益性、中立性、自愿性、服务性的功能，不断提高社会组织的治理能力和治理水平。贯彻落实《中华人民共和国境外非政府组织境内活动管理法》，加强对境外非政府组织在我国境内活动的管理，规范和引导它们依法开展活动。

与此同时，还应当加快形成政社分开、权责明确、依法自治的现代社会组织体制，努力建立健全社会组织参与社会事务、维护公共利益、救助困难群众、帮教特殊人群、预防违法犯罪的机制和制度化渠道，大力支持行业协会商会类社会组织发挥行业自律和专业服务功能，充分发挥社会组织对其成员的行为导引、规则约束、权益维护作用。

二、建设完备的公共法律服务体系

公共法律服务体系建设是公共服务体系建设的重要组成部分，是保障和改善民生的重要举措，是建设中国特色社会主义法治体系、建设社会主义法治国家、推进国家治理体系和治理能力现代化的重要基础性、服务性和保障性工作。习近平总书记要求：要深化公共法律服务体系建设，加快整合律师、公证、司法鉴定、仲裁、司法所、人民调解等法律服务资源，尽快建成覆盖全业务、全时空的法律服务网络。党的十八大以来，在以习近平同志为核心的党中央坚强领导下，公共法律服务体系建设加快推进，律师、法律援助、司法鉴定、调解、仲裁等领域改革有序推进，覆盖城乡的公共法律服务网络初步建立。截至 2018 年 12 月，全国共设立法律援助工作站 7 万多个，建成便民服务窗口 3000 多个，建成县（市、区）公共法律服务中心 2878 个、乡镇（街道）公共法律服务工作站 3.7 万个，覆盖率分别达到 99% 和 91%。26 个省份建成了省级统筹的热线平台，30 个省份实现了网络平台之间全面联通。为了更好满足广大人民群众日益增长的法律服务需求，要加快建设覆盖城乡、便捷高效、均等普惠的现代公共法律服务体系，让人民群众切实感受到法律服务更加便捷。

建设完备的公共法律服务体系，要完善公共法律服务体制。逐步推进律师、公证、基层法律服务、法律援助等公共法律服务的体制机制改革，完善律师职业保障制度、权利保障制度、违法违规惩戒制度，健全公证工作与行政执法、司法审判、社会管理等领域相衔接的立法设计和制度安排，推动公证机构与司法行政部门脱钩，不断完善基层法律服务制度规范，扩大法律援助覆盖面，提高法律援助法治化程度。

建设完备的公共法律服务体系，要创新公共法律服务方式。创新综合性法律服务方式，深度融合法律服务资源，建构一体化公共法律服务平台。公共法律服务平台要立足"法律事务咨询、矛盾纠纷化解、困难群众维权、法律服务指引和提供"的平台建设功能定位，畅通连接省、市、县、乡四级法律服务信息网络，以满足人民群众的法律服务需求为导向。司法行政机关也要努力实现公共法律服务的标准化、精准化、便捷化，努力为人民群众提供普惠性、公益性、平等性的公共法律服务。

建设完备的公共法律服务体系，要以满足人民群众的法律服务需求为基本立足点。坚持法律服务为民、维护困难群众合法权益，是公共法律服务的价值导向。当前经济快速发展、社会矛盾凸显，弱势群体的法律保障和服务日益成为人们关注的焦点，也是社会管理的重要内容。要将弱势群体保护确立为公共法律服务的重要职责，尤其要完善立法活动，规范行政执法，落实权利救济制度，对农民、下岗职工、进城务工的农村劳动者、妇女儿童、精神疾病患者、申诉上访人员等弱势群体给予特别的法律保护，防止他们突破社会底线。

［案　例］

北京"吹哨报到"：民有所呼　我有所应

习近平总书记指出，推动社会治理重心向基层下移，把基层党组织建设成为领导基层治理的坚强战斗堡垒。2018年以来，北京市坚持党建引领，把"街乡吹哨、部门报到"列为全市"1号改革课题"，让最了解群众诉求的街乡基层一线，发出解决问题的集合令，各部门共同响应、服务群众。通过赋权、下沉、增效，推进基层治理体制机制创新，切实做到民有所呼、我有所应。

紧邻中南海的什刹海景区，全长6公里的滨水步道所有堵点全部打通，正式对市民开放。沿湖酒吧的违建露台被全部拆除，景区豁然开朗，不仅露出了老城民居的天际线，也再现了老北京银锭桥上看钟楼的盛景。

之所以能彻底整治，得益于北京市的基层治理新模式，也就是"街乡吹哨、部门报到"机制，只要发现问题，基层街道党工委一声哨响，工商、城管、食药监等部门的执法力量，就同时下沉到基层一线，明确责任，综合执法。

一声破解难题的"哨响"，让基层街道底气十足。2018年，什刹海街道先后依法关停31处酒吧、拆除违建11000多平方米，一批"老大难"问题被根治。

　　横向部门合力不足，纵向基层力量不强等，是北京市长期存在的基层治理问题；而处于一线的街道和乡镇，更是长期受制于条块分割、权责利不统一、面对问题有心无力。在2018年8月的一次"街乡吹哨、部门报到"调度会上，一段暗访视频直指要害。

　　在这个新成立的东直门街道胡家园社区综合服务站，居民不仅能"一窗办理"社保、卫生计生等行政事务；水电修理、搬家保洁等日常物业琐事，也能上门服务。现场办不了的，24小时之内必须有回应；需多部门协调的，随时吹哨。

　　这种"化繁为简"的便民服务站是东城区街道管理体制改革的试验田。在推进"吹哨报到"工作中，北京市对街道管理体制进行了大刀阔斧的改革。东直门街道把原来的29个部门机构精简成12个，使其职能更清晰地对应百姓需求。每个街区设立综合服务站，让百姓办事不用多头跑、到处找。合并精简出来的街道干部，全职担任社区专员，解决群众身边的烦心事、揪心事。

　　新的管理体制，带来的是城市管理效能不断提高。东城区网格中心平台上，多年来积压的5273件无法回复、久拖不决的案件，目前除87件正在处理，其余都已得到解决。

　　在党建引领"街乡吹哨、部门报到"工作中，北京市把资金、资源向基层倾斜，290个街巷建立实体化综合执法中心，选派了14900多名街巷长，负责社区层面的治理和服务。得益于"吹哨报到"机制，2018年1到7月，北京市16个区网格化城市管理平台共接报各类案件348.2万件，解决率达到93.83%，满意率达92.51%。

——中央电视台《新闻联播》2018年12月9日

三、健全依法维权和纠纷化解机制

健全自治、法治、德治相结合的乡村治理体系，健全依法维权和化解纠纷机制对于维护社会稳定、发展和维护人民权益、推进法治社会建设具有重要意义。党的十八届四中全会提出："健全依法维权和化解纠纷机制。强化法律在维护群众权益、化解社会矛盾中的权威地位，引导和支持人们理性表达诉求、依法维护权益，解决好群众最关心最直接最现实的利益问题。"党的十九大强调："健全自治、法治、德治相结合的乡村治理体系。"我们要积极推动依法维权和化解纠纷机制建设，切实把维护群众权益和化解社会矛盾纠纷工作纳入法治化轨道，推进和谐中国、平安中国、法治中国建设。

要建立健全群众利益表达维护机制。首先，建立健全社会矛盾预警机制。要坚持和发展"枫桥经验"，坚持源头治理，标本兼治、重在治本，以网格化管理、社会化服务为方向，发挥基层联系群众的优势，主动了解群众疾苦，倾听群众呼声，反映群众利益诉求，发动和依靠群众，坚持矛盾不上交，就地解决。其次，建立健全群众利益表达机制和协商沟通机制。建立政府决策听证制度，凡涉及群众切身利益的重大决策，都要通过听证等方式广泛听取群众意见。完善人大代表联系群众机制，通过建立健全代表联络机构、网络平台等形式密切代表同人民群众联系，听取和反映群众诉求。充分发挥协商民主在群众利益表达和协商沟通中的独特作用，广泛听取和反映群众诉求。最后，建立完善社会救济救助机制。完善最低生活保障制度，完善法律援助制度，扩大援助范围，健全司法救助体系。

要强化对群体性事件的法律预防和应对。近年来全国各地频繁发生的群体性事件多与公权力行使不当有关。从某种意义上来说，公权力的不当使用乃至违法滥用，往往是群体性事件的肇始者、推波助澜者，又往往由于公权力的不当介入使得原本属于民事经济纠纷的事件转化为针对政府和公权力机关的群体性事件。同时，群体性事件亦折射出目前我国法律救济制度运行不畅。群体性事件的应对，关键不在于事后的应急处置，而在于事前的预防和日常的依法行政。政府不仅需要创新思维，科学认识社会稳定的时代内涵，更要创新社会管理机制，建立健全利益诉求表达和保障机制、利益协调沟通机制、信息公开机制、社会保障救助机制以及法律救济机制等。同时，还要建立和完善调解、仲裁、行政裁决、行政复议、诉讼等多元社会矛盾化解的制度建设和衔接机制，促进不同社会矛盾化解机制的有机衔接、相互配合、相互协调。

本章小结

法治社会是法治国家和法治政府的基础。建设法治社会是建设平安中国的保障，是推进全面依法治国的重要内容，是建设社会主义法治国家的有机组成部分。创新社会治理，建设法治社会，要推动全社会树立法治意识，深入开展法治宣传教育，建设社会主义法治文化，创新普法领导体制和运行机制，使法治精神、法治理念、法治意识入耳、入脑、入心；要创新社会治理的法治方式，运用法治思维和法治方式推进社会治理，实现社会治理的社会化、协同化、智能化、专业化；要提高社会治理的法治化水平，创新社会组织管理的法律机制，建设完备的公共法律服务体系，健全依法维权和纠纷化解机制，夯实社会治理的法治基础。

【思考题】

1. 如何进一步增强对领导干部进行普法的实施效果？

2. 如何运用互联网技术推进社会治理的法治化？

第七章
加强人才培养　建设高素质法治队伍

　　加强法治人才培养，加快建设一支思想政治素质过硬、专业知识能力扎实、职业伦理道德高尚、全心全意为人民服务的法治工作队伍，是建设社会主义法治国家的基础性、先导性工程，对于构建中国特色社会主义法治体系，保障法律有效实施，培育社会主义法治文化，实现国家治理体系和治理能力现代化，都具有重要意义。

习近平：促进社会公平正义，保障人民安居乐业

第一节　建设专门的法治队伍

　　全面推进依法治国，建设一支德才兼备的高素质法治队伍至关重要。我国专门的法治队伍主要包括在人大和政府从事立法工作的人员，在行政机关从事执法工作的人员，在司法机关从事司法工作

的人员。全面推进依法治国，首先要把这几支队伍建设好。

一、大力加强专门法治队伍的思想政治建设

不论是在人大和政府从事立法工作的人员，还是在行政机关从事执法和在司法机关从事司法工作的人员，这支专门法治队伍掌握着国家的立法权、行政权和司法权，负责为社会订立规矩、执行法律、解决争议，他们是中国特色社会主义法治的建设者、实践者和捍卫者，需要有过硬的思想政治素质和忠诚的政治信仰理念，需要时时刻刻忠于党、忠于国家、忠于人民、忠于法律。习近平总书记强调，坚定的理想信念是政法队伍的政治灵魂。必须把理想信念教育摆在政法队伍建设第一位，不断打牢高举旗帜、听党指挥、忠诚使命的思想基础，坚持党的事业至上、人民利益至上、宪法法律至上，铸就"金刚不坏之身"，永葆忠于党、忠于国家、忠于人民、忠于法律的政治本色。要进一步加强专门法治队伍的思想政治教育和组织纪律教育，增强中国特色社会主义的道路自信、理论自信、制度自信、文化自信，始终坚持以习近平新时代中国特色社会主义思想为指导，坚持党的领导、人民当家作主和依法治国的有机统一，自觉遵守党的政治纪律和组织纪律，始终在政治上保持定力，不受错误思潮的影响，坚定不移地走中国特色社会主义法治道路。要坚持以人民为中心，坚持党的"从群众中来、到群众中去"的群众路线，密切专门法治队伍和人民群众的联系，不脱离群众、不疏远群众、不漠视群众，增强法治工作的人民性、民主性、群众性，始终保持专门法治队伍的人民本色，不折不扣地成为全心全意为人民服务的社会主义法治工作者和建设者。要创新和发展中国特色社会主

义法治理论，引领法治队伍，使法治工作队伍始终成为中国特色社会主义事业的工作者、建设者、捍卫者。

二、深入推进专门法治队伍的正规化专业化职业化建设

法律是复杂的专业技能，做好立法、执法和司法工作不仅需要系统的法律知识、娴熟的法律方法，还需要丰富的社会经验。可以说，法律专业技能的培养既需要法学理论的学习，也需要法律实践的磨炼，而法律知识和法律方法又依赖于专门化、职业化的法学教育和法律培训，需要深入推进专门法治队伍的职业化、专业化、正规化建设，不断提高专门法治队伍的专业法律技能和专业法律素质。习近平总书记强调，"同面临的形势和任务相比，政法队伍能力水平还很不适应，'追不上、打不赢、说不过、判不明'等问题还没有完全解决，面临着'本领恐慌'问题，必须大力提高业务能力。'才者，德之资也；德者，才之帅也。'有才无德会败坏党和人民事业，但有德无才也同样会贻误党和人民事业。"要加强和改进法学教育，优化法学教育的课程体系、学科体系、理论体系，坚持法学理论与法律实践相结合，促进法学教育和法律职业更好衔接，奠定专门法治队伍职业化建设的基础。要进一步完善法律职业准入制度和国家法律职业资格考试制度，改革国家法律职业资格考试的报名条件、考试方式、考试内容等，从专门法治队伍的准入关口推进职业化建设，塑造法律职业共同体。要加强专门法治队伍的入职前统一法律培训，提高他们的法律职业技能、法律职业素养和法律职业信仰，也要推进专门法治队伍任职过程中法律培训的规范化和制度化，不断根据我国法治建设的发展状况和社会主义法治理念的

最新进展，及时组织好对他们的专门法律培训。

三、不断优化专门法治队伍的结构

全面推进依法治国，意味着全国范围内所有地方都要达到法治国家、法治政府、法治社会建设的要求，而不能是某个地方、某些区域还存在着法治建设的盲点；全面推进依法治国，也意味着立法部门、执法部门、司法部门等国家机关都要实现法治中国建设的目标，党的部门要严格遵守党章党规和国家法律，而不能有些部门的法治化水平高，有些部门的法治化水平低，甚至某些部门还存在法治建设的短板。因此，全面推进依法治国，加强专门法治队伍建设，要不断优化专门法治队伍的结构。首先，要优化专门法治队伍的区域结构，建立对中西部地区、少数民族地区、欠发达地区的专门法治队伍建设的扶持和特殊保障制度，促进法治队伍建设的区域发展平衡。其次，要优化专门法治队伍的部门结构，促进专门法治队伍的跨部门交流和任职，通过立法、执法、司法部门之间的人员交流以及国家机关和党的部门中从事法律事务的人员流动，促进法治队伍建设的部门发展平衡。最后，要优化专门法治队伍的层级结构，建立符合法治运行规律的法治队伍职业保障制度，将法治队伍中的核心力量、骨干力量、中坚力量留在地方、留在基层、留在解决社会矛盾的前线。

四、着力加强法官、检察官和人民警察队伍建设

习近平总书记指出，实施依法治国基本方略，建设社会主义法治国家，必须有一支高素质队伍。要按照政治过硬、业务过硬、责

任过硬、纪律过硬、作风过硬的要求，努力建设一支信念坚定、执法为民、敢于担当、清正廉洁的政法队伍。法官、检察官和人民警察的工作内容各有特点，运行规律不尽相同，职业技能也有差异，因此，专门法治队伍的管理应该实行科学的差别化管理，而非简单的一刀切、盲目的统一化。要深化公安管理体制改革，建立更好促进公安工作、忠于法律、公正执法、文明执法、规范执法的人民警察队伍管理机制，落实行政执法公示、行政执法全过程记录、重大执法决定法制审核制度，扎实推进公安执法的严格、公正、文明、规范；要建立更好促进秉公司法、定分止争的法官、检察官队伍管理机制，推进公正司法。需要特别指出的是，与立法和执法工作相比，司法工作具有被动性、中立性、终局性等特点，司法又是维护社会公平正义的最后一道防线，建立符合司法规律的司法人员管理机制对于全面推进依法治国、维护社会公平正义、确保党和国家长治久安更具有战略意义。习近平总书记指出："建立符合职业特点的司法人员管理制度，在深化司法体制改革中居于基础性地位，是必须牵住的'牛鼻子'。司法活动具有特殊的性质和规律，司法权是对案件事实和法律的判断权和裁决权，要求司法人员具有相应的实践经历和社会阅历，具有良好的法律专业素养和司法职业操守。"因此，要加快落实省以下地方法院、检察院人财物统一管理，不断健全和完善法官、检察官履行法定职责保护制度、身份保障制度、福利待遇制度、逐级遴选制度等，从制度层面保障公正司法。

五、高度重视律师队伍建设

习近平总书记指出："律师队伍是依法治国的一支重要力量，

要大力加强律师队伍思想政治建设，把拥护中国共产党领导、拥护社会主义法治作为律师从业的基本要求。"律师是中国特色社会主义法治工作队伍的重要组成部分，是全面依法治国、建设社会主义法治国家的重要力量。作为社会上法律服务的主要提供者，律师在保障当事人合法权益、促进社会公平正义、化解社会矛盾争议、维护社会和谐稳定等方面具有重要意义。为了加强律师队伍建设，更好发挥律师在全面依法治国中的重要作用，需要进一步规范律师执业行为，保障律师执业权利，优化律师队伍结构。

第一，规范律师执业行为与维护法律服务秩序。律师提供的法律服务中蕴含着很多经济利益，一些律师为了获取不当经济利益，将个人利益、当事人利益和国家法律对立起来，不惜以违法的方式去追求当事人利益的最大化，或者以违反法律和违反律师职业道德的方法追求自身利益的最大化，从而牺牲社会公共利益。为了进一步规范律师执业行为，要将加强律师的宪法教育和加强律师的思想政治建设结合起来，通过确保律师遵守宪法法律，维护宪法权威，引导律师将拥护中国共产党领导、拥护社会主义法治作为自己从业的基本要求，引导律师自觉抵制违反宪法基本原则、可能危害国家安全和社会稳定的错误思潮。要加强律师的职业伦理道德建设，不断提高律师的职业伦理素质，使依法执业、诚实尽责、维护公平正义内化为律师职业的伦理底线。要进一步完善律师与当事人关系、保守执业秘密、执业冲突的处理等执业行为规范和律师行业的准入、退出机制，建立健全律师诚信执业的考核、监督和惩处制度，充分发挥律师协会的行业自律作用，对违反律师执业行为规范、逾越律师执业伦理底线的律师要依照法律规定和行业自律规范严格进行责任追究，切实规范律师执业行为。

[延伸阅读]

改革开放以来律师和律师事务所发展情况

律师制度是中国特色社会主义司法制度的重要组成部分，是国家法治文明进步的重要标志。1979 年，邓小平同志提出恢复律师制度。40 年来，中国律师人数从 200 多人发展到 36.5 万人，律师事务所从 70 多家发展到 2.8 万多家。

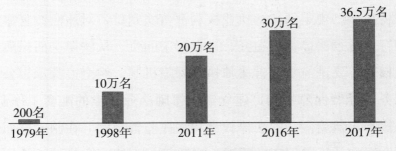

图 7-1 改革开放以来律师数量

1983 年 3 月，第一家命名为"律师事务所"的执业机构——深圳市蛇口律师事务所成立，此前律师执业机构为法律顾问处。

2002 年，律师事务所数量突破 1 万家。

2013 年，律师事务所数量突破 2 万家。

截至 2017 年底，全国共有律师事务所 2.8 万多家。

1983年　2002年　2013年　2017年

图 7-2 改革开放以来律师事务所数量

——《伟大的变革——庆祝改革开放
40 周年大型展览》网上展馆

第二，保障律师执业权利与维护律师合法权益。我国律师法、刑事诉讼法、民事诉讼法等法律规定了律师的执业权利，这些权利是律师开展法律服务活动的基础和保障。但是在现实中，公安机关、人民检察院、人民法院与律师的地位并非对等，一些政法机关及其工作人员对律师的角色和作用存在严重误解，导致律师依法享有的某些执业权利无法得到充分保障，损害律师合法权益的事件也时有发生，这不仅侵害了律师和当事人的利益，影响了司法机关办案的公正性，也给社会稳定造成很大冲击。因此，要保证法律刚性实施，促进律师法、刑事诉讼法、民事诉讼法等法律的执行和落实，将法律已规定的律师执业权利都落实到位，对违法侵害律师权益的行为进行法律责任追究，进行严肃问责，从法律层面保障律师执业权利。要进一步完善律师执业保障机制，健全律师承担公益法律服务的经费保障机制，建立健全律师执业保障的配套工作制度，完善律师权益受侵害的法律救济和法律监督制度，在制度层面保障律师合法权益不受侵害的同时，也确保侵害律师合法权益的违法行为能够得到及时纠正。此外，各级政法机关和工作人员在观念上也要正确认识律师的角色和作用，增强公共服务意识，完善律师参与法律诉讼的机制和渠道，为律师依法执业和从事法律服务活动提供必要的便利。

第三，优化律师队伍结构与提高律师职业素质。按照服务对象不同，我国律师分为社会律师、公职律师和公司律师等。技能扎实、结构合理、发展平衡的律师队伍是有效发挥律师作用、及时解决社会争议、维护社会和谐稳定的关键。当前我国律师队伍还面临着结构不合理、发展不平衡、整体素质不高等问题。要推进社会律师、公职律师、公司律师的人员结构优化，在全面依法治国、加快建设法治政府的背景下，要高度重视公职律师、政府顾问律师的发展，充分发挥他们在党委政府决策、法律咨询、行政复议、行政应诉等方面的重要作用，深入推进依法行政。要推进律师服务区域结构的优化，建立健全律师在中西部地区、少数民族地区、基层地区执业的激励和保障制度，有效推动律师的跨区域流动、向基层下移，努力将各种社会矛盾纠纷消灭在基层、防范在萌芽。要加强律师的法律职业培训，提高律师的法律职业技能，特别是处理涉外法律事务的技能。改革开放 40 年来，我国综合国力快速提升，经济、政治、文化、军事等方面的国际交往和合作日益频繁和密切，国际贸易纠纷不断涌现，政府也面临着日益繁重的涉外事务，迫切需要我们建立一支通晓国际法律规则、善于处理涉外法律事务的涉外法治队伍和涉外律师队伍，有效维护我国国家利益和我国企业、公民利益。

第二节 提高领导干部运用法治思维与 法治方式的能力

习近平总书记指出："各级领导干部要提高运用法治思维和法治方式深化改革、推动发展、化解矛盾、维护稳定能力，努力推动形成办事依法、遇事找法、解决问题用法、化解矛盾靠法的良好法治环境，在法治轨道上推动各项工作。"这对新时代领导干部的执政能力和社会治理能力提出了新的更高要求，也将对我国国家治理和社会治理的观念转变产生深远影响。领导干部的一举一动影响着整个社会，提高运用法治思维和法治方式的能力，领导干部要率先垂范，以上率下。党委政府和领导干部要首先带头守法，公务人员要有法治精神与法治理念，要将法治作为治国理政的基本方式，善于运用法治思维和法治方式看问题、做决策、办事情，只有这样，整个社会的法治环境才会有大的改观。

一、以法治深化改革

改革开放是我们党在新的时代条件下带领人民进行的新的伟大革命，是当代中国最鲜明的特色，也是我们党最鲜明的旗帜。全面深化改革需要加强顶层设计和整体谋划，加强各项改革的关联性、系统性、可行性研究。我们讲胆子要大、步子要稳，其中步子要稳就是要统筹考虑、全面论证、科学决策。改革是社会主义制度的自我完善和自我发展，是中国特色社会主义不断前进的不竭动力。在我国改革开放进入攻坚期和深水区的今天，改革仍然是推动经济发展、政治进步、文化繁荣、社会和谐、生态良好的核心动力。习近平总书记多次强调，领导干部要提高运用法治思维和法治方式深化改革的能力。从表面上看，法治意味着要严格遵守和执行既有的法律规范，而改革则在很大程度上是对现有法律规范的某种突破，两者之间似乎存在着某种冲突关系。但就实质而言，法治与改革存在着内在的统一性。只有以法治推动改革、深化改革，才能更好地保证改革的正当性、稳定性、实效性和权威性。

以法治来凝聚改革共识。我国改革开放走到今天，一些容易推行的改革大体都已完成，剩下的都是难啃的硬骨头，在这些问题上还缺乏普遍的改革共识。宪法是治国安邦的总章程，规定着我国的基本制度、公民权利和国家机构等。宪法作为国家根本法，作为推行改革的底线和基本规范，以宪法推动改革可以最大限度地凝聚改革的共识，这实质上也是以法治来凝聚改革共识的集中体现。

以法治来规范改革过程。改革要于法有据，依法进行。任何改革发展，必须要有制度指引，必须要在宪法法律范围内推进，不得随意突破法治框架，否则就可能造成以言代法、以权压法、徇私枉法的恶果。法律法规有规定的，必须严格执行、不折不扣；法律法规没有相关规定的，应本着对人民负责的精神，按照有利于增进社会公益的原则，采取立法授权的方式，通过地方试点进行探索，待条件成熟后再上升为法律，所有这些都应该在法治框架下进行。

以法治来保障改革成果。改革是破旧立新的过程，当改革发展成熟到一定程度，就必须用法律制度的形式将其定型，使之成为更加稳定、更加具有刚性的规范体系。改革成果以法律的形式固定下来，就具有权威性和强制性，就成为推进进一步改革的动力。

2014年2月28日，习近平总书记主持召开中央全面深化改革领导小组第二次会议。他在讲话中强调，凡属重大改革都要于法有据。在整个改革过程中，都要高度重视运用法治思维和法治方式，发挥法治的引领和推动作用，加强对相关立法工作的协调，确保在法治轨道上推进改革。

二、以法治推动发展

推进国家治理体系和治理能力现代化，必须坚持依法治国，为党和国家事业发展提供根本性、全局性、长期性的制度保障。发展是硬道理，是解决中国所有问题的关键。在发展过程中，难免会出现这样那样的问题，既不能因问题的出现而裹足不前，也不能妄自尊大而无视问题的存在。发展过程中出现的问题最终还是要依靠推动进一步的发展去解决和应对。当然，我们追求的并非盲目、无节制、以牺牲后代利益为代价的不可持续型发展，我们向往并在努力争取的乃是可持续发展、科学发展，这需要法治的支撑和保障。要以法治推动发展，以法治规范发展，以法治实现可持续发展。缺乏法治规范的发展不可能全面协调发展，没有法治支撑的发展也无法持续发展。

以法治推动发展，意味着要以法治的方式规范决策权。决策是发展的先导，有什么样的决策就会有什么样的发展路径。应当尽快制定重大决策程序条例，科学界定各级政府和党委的决策权，健全决策机制和程序制度。通过统一的程序规则约束决策权的行使，细化已有的程序规范使之更加严密，保证行政程序规则的普遍约束力，防止决策机关规避程序法滥用决策权，确保决策权受到法律的严格约束。

以法治推动发展，意味着要以法治的方式执行法律。发展都是在具体法律、制度、决策的贯彻执行中实现的。制定再好的法律、制度和决策，如果缺乏规范、公正、文明的执法，也难以达到发展的预期效果。执法是否依法进行，是否采用法治的方式，直接决定着执法的效果与后果。只有以法治方式进行的执法，才可能达到立法的目标，实现立法目的。

以法治推动发展，意味着要以法治的方式解决社会争端。发展总会伴随着利益的调整与变动，同时也必然会产生不同利益主体之间的矛盾。社会利益争端，既是难免的，也是有害的。轻者影响社会生活、经济活动、生产发展，重者危及社会安全、妨碍社会稳定、破坏社会和谐、延缓社会进程。因此，以法治方式解决社会争议是巩固发展成果、营造良好发展环境、实现科学发展的根本保障。

三、以法治化解矛盾

习近平总书记在 2014 年中央政法工作会议上强调指出："要处理好维稳和维权的关系，要把群众合理合法的利益诉求解决好，完善对维护群众切身利益具有重大作用的制度，强化法律在化解矛盾中的权威地位，使群众由衷感到权益受到了公平对待、利益得到了有效维护。"我国当前推进依法行政、建设法治政府面临的一个极大的挑战就是如何预防和化解社会矛盾。不少群众不相信法律，也不运用法律维护自身合法权益，习惯于在法律之外寻求矛盾解决办法。于是，在我国解决社会矛盾存在着忽略法治手段的现象。历史经验表明，社会和谐程度既与政治、经济、文化有密切联系，也与法治的健全与发展同步。建设社会主义法治国家，要求必须以法治的方式解决社会矛盾。

要提高决策的科学化、民主化和法治化水平。这几年发生的社会群体性事件，多与关系人民群众切身利益的决策有关。政府决策没有履行必要的程序自然更易引发非议，这些非议通过新兴媒体的传播，很容易形成聚合效应，进而演变为重大的社会群体性事件。行政诉讼法实施以来，我国制定的有关行政行为的法律基本上都是围绕具体行政行为展开的。抽象行政行为和政府决策基本上游离于法治之外，但这些行为涉及不特定主体，一旦违法，造成的损害更大。因此，要将行政决策纳入法治轨道，提高决策的科学化、民主化和法治化水平，从源头上预防和化解社会矛盾。

要进一步严格、规范、公正、文明执法，确保法律的有效实施。不规范执法、不文明执法、暴力执法、选择性执法、滥用职权，都可能引发社会矛盾。在日常执法过程中出现的小问题，如果没有及时得到解决，可能会逐步演变为更大的社会问题，甚至是社会群体性事件。只有严格、规范、公正、文明执法，才能防微杜渐，将激烈的执法冲突消除在萌芽状态，从根本上防止极端事件发生。因此，保证严格、规范、公正、文明执法，对于预防和及时化解社会矛盾具有重要意义。

要建立多元化、畅通的法律救济渠道。目前，我国法律规定的纠纷解决渠道很多，有人民调解、行政调解、行政裁决、行政仲裁、民间仲裁、诉讼、行政复议等。但是从纠纷解决的实际选择来看，人民群众更愿意选择信访的方式。为更好发挥法治化解社会矛盾的功能，有必要合理定位信访制度的功能，严格限制信访范围，减少领导批示等传统方式，使信访回归下情上达、了解信息、转交信件等初始定位，取消信访在法律案件实体处理方面的功能，把涉法涉诉信访纳入法治轨道解决，建立涉法涉诉信访依法终结制度。

四、以法治维护稳定

习近平总书记强调："维护社会大局稳定是政法工作的基本任务。"必须坚持改革发展稳定的统一。只有社会稳定，改革发展才能不断推进；只有改革不断推进，社会发展才能具有坚实基础。在现代国家里，社会稳定的最终实现和持续维护依赖于法治。以法治维护稳定实质上是以法治化解矛盾的自然延伸，矛盾有效化解了，稳定也就自然实现了。

以法治维护稳定，应当加强源头治理，通过公正的立法、规范的决策和严格的执法，切实从源头上减少和消除社会矛盾。要制定更加公正的制度和法律，通过公平公正的政策解决社会矛盾。要健全重大行政决策程序，推进行政决策的科学化、民主化和法治化，把公众参与、专家论证、风险评估、合法性审查和集体讨论决定作为重大决策的必经程序。要严格公正执法，建立一套比较完备的执法程序，约束和规范各类执法行为，确保法律得以严格实施。

以法治维护稳定，还应当畅通法定救济渠道。在法治国家，充分信任并且广泛使用法定救济渠道化解社会矛盾是普遍的做法。不仅因为法定的救济渠道是解决社会矛盾纠纷的最后途径，也是因为这些渠道是经过长期历史检验逐渐规范化、制度化的成果，是纠纷解决制度的高级形态，具有公开透明、公正可信、长期稳定等形式正义的基本特征，是真正有效解决纠纷的最权威渠道。因此，为了通过法治实现持久的社会稳定，要合理定位信访制度的功能。要改革现行的复议制度、诉讼制度等，使之更加适应新形势下社会矛盾和纠纷解决的要求，畅通法定救济渠道，树立民众对法治的信心，使法治成为社会稳定的依靠力量和有效保障。

第三节　加强和改进法学教育

习近平总书记在考察中国政法大学时强调，全面推进依法治国是一项长期而重大的历史任务，要坚持中国特色社会主义法治道路，坚持以马克思主义法学思想和中国特色社会主义法治理论为指导，立德树人，德法兼修，培养大批高素质法治人才。建设法治国家、法治政府、法治社会，实现科学立法、严格执法、公正司法、全民守法，都离不开一支高素质的法治工作队伍。法治人才培养上不去，法治领域不能人才辈出，全面依法治国就不可能做好。中央全面依法治国委员会第一次会议把高素质法治人才队伍建设作为新时代全面依法治国的重点任务之一。习近平总书记在会上指出，要加强法治工作队伍建设和法治人才培养，更好发挥法学教育基础性、先导性作用，确保立法、执法、司法工作者信念过硬、政治过硬、责任过硬、能力过硬、作风过硬。习近平总书记深刻阐释了法学教育是法治人才培养的基础和先导，法治人才培养是法学教育的核心使命，是政法工作的重要内容，更是法治中国的建设基石。没有科学合理的法治人才培养机制，没有符合法治规律的法学教育模式，没有高素质的法治工作队伍，就不可能全面推进依法治国。党的十九大报告将坚持全面依法治国作为新时代坚持和发展中国特色社会主义的基本方略，意味着在全面依法治国新时代背景下，法学教育和法治工作队伍建设具有极端的重要性和特殊的紧迫性。

同当前全面推进依法治国的新形势新要求新任务相比，我国的法学教育和法治人才培养还存在一些亟待解决的问题，主要表现在：重法学制度知识、轻法律职业伦理，法学教育内容与法治实践需求相脱节，法学教育与法律职业相分离，法学教育布局不合理等。我们要进一步加强和改进法学教育，创新社会主义法治人才培养机制，从根本上、源头上、目标上塑造优秀的法治工作者。

一、坚持"立德树人""德法兼修""明法笃行"

法律是成文的道德，道德是内心的法律。法律和道德作为两种主要的社会规范，在国家治理和社会运行中相辅相成、相互促进、相得益彰。习近平总书记提出：中国特色社会主义法治道路的一个鲜明特点，就是坚持依法治国和以德治国相结合，强调法治和德治两手抓、两手都要硬。法学教育要坚持立德树人，不仅要提高学生的法学知识水平，而且要培养学生的思想道德素养。各级领导干部要做尊法学法守法用法的模范，以实际行动带动全社会崇德向善、尊法守法。法学教育具有鲜明的知识属性和道德属性，特别是法学教育培养的人才未来要从事公安、检察、审判等工作，他们的道德品格和伦理素养直接决定着中国特色社会主义法治道路的成败。从这个意义上讲，有什么样的法学教育，就有什么样的法学学生，就有什么样的法治工作队伍，就有什么样的法治未来。为了加强和改进法学教育，要坚守法学教育的道德品格，重视法律职业伦理课程的设计、教学与反馈，通过课堂教学、法律诊所、榜样叙述等多种形式培养法学学生坚定的社会主义法治信仰；要推动彰显中国特色社会主义法治理论的优秀教材进入高校课堂，通过课堂讲授使中国特色社会主义法治理论入耳、入脑、入心。

二、改革法学教育的内容和方式

法治是治国理政的基本方式，法律是社会运行的基本依据，法学是社会科学的基本内容。这三个层面都决定了法学是面向社会、面向生活、面向实践的学科。习近平总书记指出，法学学科是实践性很强的学科，法学教育要处理好知识教学和实践教学的关系。要打破高校和社会之间的体制壁垒，将实际工作部门的优质实践教学资源引进高校，加强法学教育、法学研究工作者和法治实际工作者之间的交流。法学教育应当凸显法律职业教育的特点，以培养应用型、复合型法律职业人才为目标，加强法学院校与法治实务部门的协同合作机制，改变传统的以理论灌输、法条解读为主的教育内容，改变传统的教师讲授、学生听讲的单向性教育方式，逐步向理论讲授与实务锻炼相结合，教师讲授与课堂研讨、模拟法庭相融合转变。要进一步完善"双千计划"，加大聘请有丰富实务经验的法治实务部门人员到法学院校担任兼职导师、讲授实务课程的力度，引导学生时刻关注法治实践、社会现实。同时，习近平总书记还强调，法学学科体系建设对于法治人才培养至关重要。我们有我们的历史文化，有我们的体制机制，有我们的国情，我们的国家治理有其他国家不可比拟的特殊性和复杂性，也有我们自己长期积累的经验和优势，在法学学科体系建设上要有底气、有自信。要深入研究我国的历史文化、体制机制、国情、国家治理方式及其同法治理论、法治实践的联系，完善和优化法学学科体系建设，促进法治人才培养。此外，在我国与国外联系日益紧密的全球化时代背景下，对世界上的优秀法治文明成果，要积极吸收借鉴，也要加以甄别，有选择地吸收和转化，不能囫囵吞枣、照搬照抄，高校也应重视对国外优秀法治文明成果的研究，重视涉外法律人才的培养，通过颁发联合学位、学生互访、到国外组织实习、聘请外国教授等方式，培养复合型、多科型、国际型法学人才，扩宽法学学生的国际化视野，帮助学生熟悉域外法律规则和国际法，为我国进一步走近世界舞台中央提供法律支持和法律保障。

[案　例]

中国政法大学打造法治人才培养体系"升级版"

学习贯彻十九大精神　写好教育奋进之笔

"截至目前，10个子课题的研究框架和写作提纲均已形成，课题组累计召开会议21场，发表阶段性成果35项，其中论文、研究报告等34篇，即将出版专著1部。"中国政法大学党委书记所说包含1个核心子课题和9个支撑子课题的项目，是2017年5月习近平总书记考察中国政法大学时给学校留下的"一号工程"——新时代中国特色社会主义法治理论体系研究。

围绕"一号工程"，中国政法大学把创新法治理论研究、提升法治人才培养水平的功课做到了法学学科体系、法学教材体系、交叉学科创新发展等方方面面，打造出了法治人才培养的"升级版"。

探索重构法学学科体系

"法学学科体系、学术体系、教材体系建设对法治人才培养至关重要。"习近平总书记到学校考察时强调，在这个问题上要深入研究为谁教、教什么、教给谁、怎样教的问题，要有底气和自信，努力以中国智慧和实践为世界法治文明作贡献，要做中国学术的创造者、世界学术的贡献者。

围绕深刻理解和贯彻落实习近平总书记讲话精神，针对新时代"中国特色、中国风格、中国气派"的法学学科体系的构建和改革问题，学校思考和探索的脚步从未停歇。从 2017 年 7 月起，组织有关部门和专家，对清华大学、北京大学、上海交通大学、南开大学等高校进行调研，并召开多次有社会影响的学术研讨会。

建成"一体两翼"法学学术体系

学校推动法学学术体系和话语体系建设，打造"一体两翼"法学学术体系，"一体"即法学学科本体，是与相关学科能够对接融合的学术体系；"两翼"即以基本原理、基本话语构成的理论学术体系和以服务国家重大战略项目构成的应用学术体系。同时，学校牵头制定并发布《立格联盟院校法学专业教学质量标准》，为创新法治人才培养机制、深化法学专业教学改革、提高法治人才培养质量提供标尺。

学校专门组织了学科建设团队，充分调研全校 19 个法学二级学科和法学以外 11 个一级学科，以便为破除法学学科体系发展的制约因素、真正形成开放式的学科发展体系、走上学科动态调整的科学发展道路进行储备。

制订未来三年学科振兴计划

目前，学校研制法学一流学科建设标准，各个法学二级学科将对标一流学科建设标准，制订未来三年的学科振兴计划，积极培育社会急需相关人才的交叉学科和新兴学科，着手遴选第三批交叉学科和新兴学科培育建设项目。

此外，在创新人才培养协同育人模式方面，学校与最高人民法院合办法治信息管理专业，合作建立法治信息管理学院；与公司合作共建网络法学研究院，培养网络法学硕士研究生和博士研究生；将"同步实践教学"
模式从 1.0 版升级到 2.0 版。

———《中国教育报》2018 年 5 月 9 日

三、促进法学教育和法律职业的衔接

法治人才既包括在校接受法学教育的学生，也包括从事法治实践的法治工作者，相应地，法治人才培养的途径也包括在校的法学教育和在职的法治培训。法学教育是法治人才培养的最主要方式，法治培训也是法治人才培养的重要途径。由于历史原因，目前仍有部分没有受过正规法学教育的人员还在从事法治工作，对于他们而言，在职的法治培训是提高业务本领、提高法律职业素养的唯一方法。同时，对于全部从事法治实践的法治工作者而言，促进法学教育和法律职业衔接的基本内容就是建立健全法治工作队伍培训体系，将在校的法学教育延伸到在职的法治培训，打造高素质的法律职业共同体。在培训组织上，要加强对法治工作队伍培训的组织领导，建立相对集中的法治培训体系，打破当前分散化、碎片化、部门化的培训体系，原则上由设区的市级组织部门联合同级政法委统一组织法治培训；在培训对象上，要将法治培训打造成为所有法治工作者提升自身素质的重要途径，建立固定年限的轮训机制，让所有的法治工作者都享有接受职业培训的权利，都能在一定期限内接受法治培训；在培训内容上，要坚持思想政治培训和业务能力培训并重，善于将中国特色社会主义法治理论的内容糅进相关法治业务的培训课程中，切实提升法治工作队伍的思想道德素质；在培训方法上，要坚持多元性、生动性、实践性的培训理念，通过课堂教学、法庭观摩、案例研讨、法治辩论等多种培训方法，增强法治培训的效果。

四、优化法学教育的布局

当前我国开设法学本科专业的高校有 600 多所，每年培养的法学学生有几十万。然而，中西部地区、少数民族地区、基层地区仍面临着法律职业人才匮乏的局面。如何优化法学教育布局、促进法学资源合理配置和均衡发展成为新时代加强和改进法学教育的重点工作。要将传统的数量扩展型法学教育发展模式转变为质量提高型模式，通过对全国范围内法学专业教育质量的严格评估和检查，适当削减一些教育质量不高的高校法学专业，同时，加强法学教育的优秀师资、图书资料、基础设施等建设，改革法学教育的方式和内容，在控制法学教育规模的基础上切实提高法学教育的质量。大力发展中西部地区、少数民族地区的法学教育，激励和引导优秀师资向这些地区的法学院校流动，通过财政、科技、教育等政策措施切实提高这些地区的法学教育质量，引导法学毕业生向基层就业，实现我国法学教育的区域均衡发展。

～ 本章小结 ～

法治人才培养是法学教育的核心使命，是政法工作的重要内容，更是法治中国的建设基石。大力加强法治人才培养，建设高素质法治队伍对于构建中国特色社会主义法治体系，保障法律有效实施，培育社会主义法治文化，实现国家治理体系和治理能力现代化都具有重要意义。为了加强人才培养，建设高素质法治队伍，要大力加强专门法治队伍的思想政治建设，深入推进专门法治队伍的法律职业化建设，不断优化专门法治队伍的结构，着力加强法官、检察官和人民警察队伍建设，提升律师队伍的整体素质；要提高领导干部运用法治思维与法治方式的能力，党委政府和领导干部要带头守法，公务人员要有法治精神与法治理念，要将法治作为治国理政的基本方式，善于运用法治思维和法治方式看问题、做决策、办事情，以法治深化改革，以法治推动发展，以法治化解矛盾，以法治维护稳定；要加强和改进法学教育，改革法学教育的内容和方式，促进法学教育和法律职业的衔接，优化法学教育的布局。

【思考题】

1. 如何认识改革与法治的关系？

2. 如何进一步加强法学教育？

第八章

加强党的领导　开启新时代
法治中国建设新征程

党的领导是社会主义法治的根本标志和重要特征，也是法治中国建设的根本保证。在加强党的领导，开启新时代法治中国建设新征程的伟大事业中，必须明确我们强调坚持党的领导、人民当家作主、依法治国有机统一，最根本的是坚持党的领导。坚持党的领导，就是要支持人民当家作主，实施好依法治国这个党领导人民治理国家的基本方略。

第一节　党的领导是社会主义法治的
根本要求

习近平总书记指出："坚持党的领导，是社会主义法治的根本要求，是党和国家的根本所在、命脉所在，是全国各族人民的利益所系、幸福所系，是全面推进依法治国的题中应有之义"。"党和法

治的关系是法治建设的核心问题。全面推进依法治国这件大事能不
能办好，最关键的是方向是不是正确、政治保证是不是坚强有力，
具体讲就是要坚持党的领导"。法治建设是一项伟大的社会工程和
宏伟事业，其推进和发展要不偏离社会主义方向，有效排除各种障
碍顺利推进，就必须坚持党的领导。

一、 正确认识党与法的关系

在社会主义法治建设中必须首先正确认识党与法的关系，习近平
总书记对此高度重视。他说："党和法的关系是一个根本问题，处
理得好，则法治兴、党兴、国家兴；处理得不好，则法治衰、党
衰、国家衰。"习近平总书记用"四个善于"来概括党的领导与法
律之间的关系，他说："要不断加强和改善党的领导，善于使党的
主张通过法定程序成为国家意志，善于使党组织推荐的人选通过法
定程序成为国家政权机关的领导人员，善于通过国家政权机关实施
党对国家和社会的领导，善于运用民主集中制原则维护党和国家权
威、维护全党全国团结统一。"就党与法的关系而言，主要包括两
个方面：一方面是党要善于运用法律来处理国家和社会事务；另一
方面是党必须在宪法法律范围内活动，自觉遵守宪法法律。

（一）党要善于运用法律处理国家和社会事务

首先，通过立法领导法律发展。提出立法建议是党对国家实施
领导的重要方面，也是党执政的重要任务之一。要加强党对立法工
作的领导，善于使党的主张通过法定程序成为国家意志，从制度
上、法律上保证党的路线方针政策的贯彻实施。党要在立法过程中

发挥领导核心作用，使宪法、法律真正成为党的主张和人民意志的统一。党要善于依照法定程序提出立法建议，使党的路线和主张成为具有普遍约束力的法律。执政党不能简单地将本党的方针、主张、决定直接变成国家政权机构的管理活动和行为，不能简单地以本党的方针、政策、主张、决定作为强制人们服从的依据。执政党将自己的主张通过法定立法程序上升为法律是法治原则的普遍要求，是依法执政的重要环节，也是执政党实现其政治领导的根本方式。加强党对立法的领导，就是要确保我们党制定的大政方针、政策主张能够通过法律程序上升为国家法律，使我们党依法执政具备可靠的法律基础。

其次，监督执法，确保法律得到有效实施。执法活动是使法律制度转化为社会实际的关键环节，是国家尤其是政府部门的日常工作和经常行为，在法治中具有特别重要的意义。党不能代行政府等国家机构的职权，但是要依靠其在国家机构中的党员发挥模范作用，确保严格执行法律，确保法律实施。党组织要监督党员严格执法，对执法人员及其组织的执法活动进行监督。对发现的问题，通过法定组织和法定途径进行监督和约束，确保法律在执行中不被畸形化。

再次，充分发挥各个国家政权机关的作用，使之依法履职。党要全面领导，但是这种领导并不是包揽一切，更不是代替一切。党要确保国家政权机关能够充分发挥在治国理政中的重要作用。在党的统一领导之下，国家机关及其组织各行其权、相互配合，共同完成治国理政的各项事业，推进法治发展，实现人民民主，维护社会和谐稳定，推动社会的文明发展，推进中国特色社会主义的伟大事业。

（二）党必须在宪法法律范围内活动

全面依法治国，建设社会主义法治国家，要求党必须在宪法和法律范围内活动。党的各级组织和每个党员的活动都必须自觉守法，作为组织的行为必须有明确的法律依据，并且严格依照法定程序进行。任何党的组织和党员都必须依法办事，不允许有超越宪法和法律的特权。全党同志特别是领导干部要牢固树立法治观念，坚持在宪法和法律范围内活动，带头维护宪法和法律的权威。党在宪法法律的范围内活动，是党的作用得以发挥的法治路径。

党在宪法法律范围内活动是从党的组织和党员两个角度来要求的。就党的组织来说，就是党的中央委员会也要自觉地服从法律、自觉地依法办事。中国共产党依法执政，就是作为党组织在宪法法律范围内活动。党所发布的规章制度也要以宪法法律为准则，不得违反宪法法律的规定。党组织的活动要符合宪法法律的要求，不得违反。就每个党员来说，不管职务多高、地位多高，都必须自觉服从宪法法律，不能违法，更不能享有违法而不受追究的特权。

二、依法处理党与国家权力的关系

党通过制定大政方针，提出立法建议，推荐重要干部，进行思想宣传，发挥党组织和党员的作用，坚持依法执政，强化执法监督，实施党对国家和社会的领导。社会主义法治建设必须坚持党对国家大政方针和全局工作的政治领导，在制度和法律上坚持和保证中国共产党的执政地位，这是社会主义法治的政治前提。正确处理党与国家权力的关系，要在制度和法律上解决好两个问题。

（一）依法运用国家权力

要处理好党与法的关系，实现党的领导和依法治国的统一，就要从制度上和法律上保证党的基本路线和基本方针的贯彻实施，保证党始终发挥总揽全局、协调各方的领导核心作用。党依据宪法、法律的规定，科学规范党与国家政权机关的关系。人民代表大会制度是党执政的制度载体，宪法是党执政的最高法律依据，离开了人民代表大会制度，党执政就没有制度支撑。必须坚持和完善人民代表大会制度，支持人民通过人民代表大会行使国家权力，支持人民代表大会及其常委会依法履行职能，党要善于运用国家政权处理国家事务。既要保证党在国家政权体系中发挥领导核心作用，又要督促、支持和保证国家机关依法行使职权。通过人民代表大会制度，实现中国共产党的执政权。

政党组织与国家政权组织不是同一个组织，按照法治的要求，依法执政首先意味着，党依照宪法的规定以法定途径进入国家政权组织，成为政权机关的领导核心。党领导国家政权是通过在国家政权中发挥领导核心作用来实现的，而不是在国家政权之外，更不是在国家政权之上发号施令。提高依法执政的水平，要不断提高党进入国家政权组织的法律化程度，提高掌握、控制和运用国家权力的制度化、规范化、法治化水平。

全面推进依法治国，进行社会主义法治建设，还要求党依照既定的法律程序向国家机关推荐重要干部。这是党依法进入国家政权组织的重要环节。坚持党管干部的原则，依照法律规定和法定程序向国家机关推荐重要干部的同时，要充分发挥国家政权机关中党组织和党员的作用，保证党的路线、方针和政策得以贯彻落实，保证国家权力的行使符合党的要求和法律的规定。按照社会主义法治的要求，党向国家机关推荐重要干部的方式、范围和程序还需要在制度和法律上进一步改进和完善，要根据不同国家机关的性质、职能和工作特点，制定相关的法律规定，将党推荐干部的方式具体化、规范化、法治化。

（二）保证国家机关依法行使职权

对于执政党来说，要有效地将党的执政意图和主张贯彻落实，就应当善于通过国家政权机构行使法定权力，实现对国家事务和社会事务的管理。党的组织不能直接行使国家政权机关的权力，只有国家政权机构才享有宪法和法律所明确规定和赋予的权力。由党的组织直接行使国家公权力，会使政党组织与国家政权组织机构混淆不清，使政党的职能同国家政权组织的职能混淆不清，导致党不管党、政不管政，也容易导致党政权力的矛盾和冲突。

坚持依法治国，就应当充分发挥国家政权机构的职能，通过这些职能机构依法行使权力，贯彻以法律的形式表现出来的党的执政意图和主张。党要在同级各种组织中发挥领导核心作用，集中精力抓好大事，支持各方独立负责、步调一致地开展工作。进一步改革和完善党的工作机构和工作机制。按照党总揽全局、协调各方的原则，规范党委与人大、政府、政协以及人民团体的关系，支持人大依法履行国家权力机关的职能，经过法定程序，使党的主张成为国家意志，使党组织推荐的人选成为国家政权机关的领导人员，并对他们进行监督；支持政府履行法定职能，依法行政。党要加强对政法工作的领导，支持审判机关和检察机关依法独立公正地行使审判权和检察权。以保证司法公正为目标，逐步推进司法体制改革，形成权责明确、相互配合、相互制约、高效运行的司法体制。党组织不能越俎代庖，代行司法机关职权。

三、社会主义法治必须坚持党的领导，党的领导必须依靠社会主义法治

习近平总书记指出："我们必须牢记，党的领导是中国特色社会主义法治之魂，是我们的法治同西方资本主义国家的法治最大的区别。离开中国共产党的领导，中国特色社会主义法治体系、社会主义法治国家就建不起来。"党的领导是中国社会主义法治建设的根本要求。社会主义法治之所以必须坚持党的领导，源于法治建设的性质和任务，也是由其性质和任务所决定的。因此，必须认清社会主义法治的性质、任务与党的领导之间的关系，将这些认识体现在法治建设的社会实践中。

坚持党的领导，是我国社会主义法治的性质决定的。中国正在建设的法治是社会主义性质的。法治建设的社会主义性质也就决定了对于领导力量的独特要求。中国特色社会主义是在中国共产党领导下创建的，社会主义建设事业是在中国共产党领导下进行的。社会主义法治建设事业无疑是社会主义建设事业的构成部分。无论是从社会主义社会这一时代背景，还是从社会主义建设这一历史任务来看，我国当前的法治建设都必须在中国共产党的领导下进行。

坚持党的领导，是我国社会主义法治建设的任务决定的。我国正在进行的法治建设是为社会主义民主政治服务的，归根结底是为人民服务的。实现人民当家作主是我国法治建设的根本目的。中国目前所推进的法治建设就是要对中国传统的政治运行方式进行本

质上的彻底变革。这一变革具有根本性、彻底性、艰巨性和长期性。如果我们新的法治建设没有坚强的领导力量，就无法启动，即使启动了，也难免会遭受失败的恶果。

社会主义法治必须坚持党的领导，这是由中国共产党的地位和作用决定的。中国共产党是中华人民共和国最高政治领导力量。在中国的社会主义政治结构之中，中国共产党具有根本的决定性作用。在政治上，中国共产党是社会主义建设事业的领导者。在法律上，中国共产党是社会主义国家的执政党。在社会上，中国共产党是社会主义社会的领导力量。党的地位和作用决定了社会主义法治建设必须在中国共产党的领导下进行。现在，我们党的组织体系十分完备，遍及各行业各领域各地区。党在整个社会中的地位与作用决定了社会主义法治建设必须坚持党的领导。

第二节　依法执政是党治国理政的基本方式

习近平总书记强调："我们全面推进依法治国，绝不是要虚化、弱化甚至动摇、否定党的领导，而是为了进一步巩固党的执政地位、改善党的执政方式、提高党的执政能力，保证党和国家长治久安。"

一、依法执政是中国共产党执政的历史结论

中国共产党从开始掌握政权就在探索自己的执政之路。在新中国成立的最初 30 年左右的时间里，不断试错，终于找到了一条成

功的执政之路。习近平总书记指出，我们今天的"全面推进依法治国，是深刻总结我国社会主义法治建设成功经验和深刻教训作出的重大抉择"。

我们党从成为执政党之后，就曾努力尝试走出一条法治道路。新中国成立前夕，通过制定中国人民政治协商会议共同纲领，统一全党意志，与民主党派和社会各界广泛沟通协商，最终通过《中国人民政治协商会议共同纲领》，使新中国的成立具有法理依据和制度前提。1949年新中国成立之后，我们积极贯彻落实共同纲领的各项规定，进行新中国的各项建设。

1954年我们制定了中华人民共和国第一部宪法。制定这部宪法经历了一个复杂的过程，吸收了全国人民的智慧。从总体来看，"五四宪法"无疑是一部伟大的宪法，它奠定了中华人民共和国的法治基础、宪法基础，从宪法意义上确立了国家机构体系，确立了国家的基本制度，包括政治制度、经济制度、文化制度等，确认了公民的基本权利，成为我国其他法律制度的基础。

从1956年下半年到1976年，长达20年的时间，我们主要的不是依靠法治，而是依靠政治，具体地说是依靠政策乃至依靠政治运动来治国理政。期间出现了严重的错误，蒙受了巨大损失，整个国家濒临危险境地，留下了惨痛的教训。

1978年党的十一届三中全会重新开启了民主与法治的大门，使国家走上了健康发展道路。依法执政是中国共产党执政的历史结论。这一结论是我们党深刻总结执政历史经验和教训之后形成的智慧结晶。

习近平总书记回顾这段历史时说，"我们党对依法治国问题的认识经历了一个不断深化的过程。新中国成立初期，我们党在废除旧法统的同时，积极运用新民主主义革命时期根据地法制建设的成功经验，抓紧建设社会主义法治，初步奠定了社会主义法治的基础。后来，党在指导思想上发生'左'的错误，逐渐对法制不那么重视了，特别是'文化大革命'十年内乱使法制遭到严重破坏，付出了沉重代价，教训十分惨痛！"

二、依法执政是中国共产党执政的成功经验

1978 年党的十一届三中全会之后，我们党总结历史经验和教训，提出了"有法可依、有法必依、执法必严、违法必究"的法治建设方针。社会主义法治建设迈开了新的步伐。

1982 年《中国共产党章程》明确提出，党必须在宪法和法律的范围内活动。1982 年宪法在序言中明确规定，"全国各族人民、一切国家机关和武装力量、各政党和各社会团体、各企业事业组织，都必须以宪法为根本的活动准则，并且负有维护宪法尊严、保证宪法实施的职责。"第五条规定，"一切国家机关和武装力量、各政党和各社会团体、各企业事业组织都必须遵守宪法和法律。一切违反宪法和法律的行为，必须予以追究。任何组织或者个人都不得有超越宪法和法律的特权。"这为党之后提出依法治国基本方略作出了宪法准备。

1997 年党的十五大召开，为社会主义法治建设掀开了新的历史篇章。党的十五大报告明确提出了依法治国，建设社会主义法治国家的治国基本方略。1999 年全国人民代表大会通过立法程序将这一治国基本方略写进了宪法，使之成为重要的宪法原则。2002 年党的十六大召开，我们党将依法执政作为党的基本执政方式加以确立。

2004 年党的十六届四中全会通过的《中共中央关于加强党的执政能力建设的决定》明确宣布："贯彻依法治国基本方略，提高依法执政水平。依法执政是新的历史条件下党执政的一个基本方式。"

2012 年党的十八大召开，明确宣布要全面推进依法治国。2014 年党的十八届四中全会召开，通过了《中共中央关于全面推进依法治国若干重大问题的决定》，丰富了全面推进依法治国的总目标，从宪法实施，到立法、执法、司法、守法等各个方面，进行了顶层和整体设计。

2017 年党的十九大报告将全面依法治国列入"四个全面"战略布局，成为习近平新时代中国特色社会主义思想的重要内容，明确提出要深化全面依法治国实践。2018 年根据党中央的建议，全国人民代表大会常务委员会向全国人大提出宪法修正案。全国人大依照相应的程序通过了 2018 年宪法修正案。

从 1978 年党的十一届三中全会启动改革开放以来，中国共产党 40 年法治实践的成功经验说明，依法执政是中国共产党长期执政的制胜法宝。

三、依法执政是中国共产党执政的基本方式

中国共产党执政的方式是多样的，包括科学执政、民主执政和依法执政等，其中依法执政是基本的执政方式。

从科学执政来看，需要依法执政提供保障。执政必须符合客观规律，实现科学执政，否则就可能招致挫折和失败。就中国共产党来说，执政必须尊重人类社会发展规律，尊重社会主义建设规律，尊重共产党执政规律。要按照客观规律的要求来拟制党的政策，作

出党的决定，制定党内规章。相关法律应该成为中国共产党执政规律的体现，我们要运用法律来固化反映客观规律的执政经验与智慧，使之成为特定的行为规范。

从民主执政来看，同样需要依法执政提供保障。党是代表人民执政，为人民执政，这种民主性必须长期坚持和有效体现。法律为此提供了最好的措施。我们可以将民主执政的要求、规则、程序、措施用法律确定下来、贯彻下去，确保执政的民主性质。

从依法执政自身来看，在为科学执政和民主执政提供保障的过程中所运用的手段，即法治的手段，是科学执政和民主执政的实现路径、贯彻措施和保障手段。执政的科学性、民主性要求都可以通过法治化的途径实现。

第三节　必须坚定不移地贯彻依法执政

中国共产党作为长期执掌全国政权的执政党，对人民、国家和社会的领导作用必须通过执政得以体现和实现。习近平总书记指出："我们必须坚定不移贯彻依法治国基本方略和依法执政基本方式，坚定不移领导人民建设社会主义法治国家。"

一、依法执政是党实现长期执政的客观要求

中国独特的政治制度和政党制度决定了中国共产党是中国唯一的执政党并且将长期执政。为了实现长期执政的目标，中国共产党就必须贯彻依法执政。

在漫长的革命历程中，中国共产党所担负的任务，在对外的意义上，是领导人民进行推翻帝国主义压迫的民族革命，求得民族独立；在对内的意义上，是领导人民进行推翻封建地主阶级和官僚资产阶级压迫的民主革命，求得人民解放。中国共产党领导中国人民完成了新民主主义革命之后，进行了社会主义改造，建立了社会主义的国家和社会。在新民主主义革命中，中国共产党建立了许多革命根据地。1931 年在江西建立了以瑞金为中心的中华苏维埃政权，其后又有了 1937 年的陕甘宁边区政府。中华苏维埃共和国和陕甘宁边区政府都是革命政权。1949 年新中国成立，中国共产党从局部执政，成长为全国的、全面的执政党，身份也由此发生了变化。

作为执政党，身份上的变化决定了对待法律态度的重大变化。首先，在目标上发生了变化。所有的革命党都是以夺取政权、建立自己的政权作为目标的。执政之后，其目标由夺取政权转变为为人民掌好权、用好权、管好权。其次，在手段上发生了变化。在革命中，不得不采用军事的、暴力的手段，不得不付出生命的代价，流血牺牲。执政之后，主要是采取建设和管理的手段。最后，党与法律的关系发生了根本的变化。在十月革命前，列宁作出了革命"不受任何法律约束"的著名论断，但是十月革命刚刚胜利，列宁就签署法令要求所有的苏维埃机关、公务人员和全体公民必须遵守法制。因为，执政之后的法律是执政党自己领导人民制定的法律，法律反映的是人民的意志和党自己的主张。

执政之后的党必须领导人民创制法律制度，并依照自己的法律制度来管理国家和社会，实现相应的执政任务，也就是必须依法执政。党要长期执政，就必须长期贯彻依法执政。

二、依法执政是党适应社会发展的现实需要

依法执政是社会主义市场经济建设的现实需要。市场经济是法治经济。市场经济的主体需要法律来确认，市场经济的关系需要法律来调整，市场经济的秩序需要法律来维护，市场经济的成果需要法律来保护。依法执政，成为市场经济发展的必然要求。

依法执政是社会主义民主政治建设的现实需要。民主政治是人民当家作主的政治，没有民主，便没有社会主义。在民主政治中，人民是国家和社会的主人，人民享有一系列重要的民主权利。人民权利的实现必然会对法治建设提出一系列重要的要求。法治是人民民主得以实现的最为重要的保障手段，没有法治，必无民主。

依法执政是社会主义先进文化建设的现实需要。一方面，法治本身就是社会主义先进文化的构成部分。适应社会发展、反映社会要求的法律制度本身就是社会文明进步的表现。另一方面，推动社会主义社会的文化进步、繁荣，离不开法律作用的充分发挥。对于不良文化，必须依法抑制；对于破坏先进文化的违法犯罪，必须依法制裁。社会主义先进文化的良性发展离不开良好的法律环境。

依法执政是社会主义现代社会建设的现实需要。现代社会是主体多元、关系复杂、利益多样、纠纷频发的社会，因而必须是法治的社会。各种社会主体统一的行为准则就是法律。各种社会关系需要通过法律得以确认和调整；各种社会利益需要通过法律得以分配；各种社会矛盾需要通过法律的方式得以解决。现代社会的飞速发展对法律提出了一系列新要求。

三、依法执政是党完成伟大使命的必然要求

中国共产党的执政担负着极为艰巨的历史使命。从远大目标来说，是实现共产主义。从当前来说，就是要全面建成小康社会，建成富强民主文明和谐美丽的社会主义现代化强国，实现中华民族伟大复兴。

实现共产主义，实现中华民族伟大复兴，都要求我们必须依法执政。从完成历史使命的主体要求来看，要动员和组织全党并带领全体人民共同努力，使众多的主体在完成使命的过程中统一意志、协调行动，依法执政就成为中国共产党的必然选择。从完成历史使命的时间要求来看，在一个漫长的历史过程中，中国共产党要始终不渝地坚持使命，依法执政就是最具有稳定性的推动力量和路径选择。从完成历史使命的制度要求来看，需要一系列党内法规和法律制度为其提供保障。我们需要党内法规将历史使命确定下来，成为全党坚定不移的目标；我们需要国家的法律制度将历史使命体现出来，成为社会的行为规则。党内法规与国家法律的确定性、稳定性、长期性、约束力都是完成宏大历史使命的必需。

四、依法执政是党推进法治建设的路径保证

依法执政是党执政的法治化路径，是推进法治建设的必由之路。如果党不依法执政甚至破坏法治，后果相当严重，一是损失巨大，二是难以修正。这是由执政党的地位与作用决定的。执政党主导着一国的政治走向，主导着一国的国内政治与国际政策。在某种程度上来说，世界上很多国家经济建设的高速发展都是其执政党科

学执政和法治成功的结果；而世界上许多国家的灾难也是其执政党政策失误和肆意妄为所造成的。

如果执政党不依法执政，发生违法情形，不仅在法律上难以受到应有的处罚，在政治上也难以被及时修正。执政党能否依法执政决定着国家建设的成败。在当代中国，我们党是执政党，其他政党都是在党的领导下参与政治活动。因此，我们党的决策就比其他政党制度下执政党的决策，具有更加强大的推动力。但是一旦出现错误，就更难以纠正。这就要求我们党必须具有更高的政治自觉与法治自觉。依法执政，是我们党治国理政的路径选择，也是我们党推进法治建设的路径保证。作为执政党的中国共产党是否依法执政，直接影响着依法治国这一基本方略能否得到贯彻，影响着社会主义法治建设的成败。

第四节　法治中国建设中坚持党的领导的具体方式

习近平总书记多次指出："党领导人民制定宪法和法律，党领导人民执行宪法和法律，党自身必须在宪法和法律范围内活动，真正做到党领导立法、保证执法、带头守法。""坚持党的领导，不是一句空的口号，必须具体体现在党领导立法、保证执法、支持司法、带头守法上。"中国共产党在长期的革命历程中形成了自己的领导方式；后来又在社会主义建设和改革开放进程中，逐步开创了自己新的领导方式，包括领导立法、保证执法、支持司法、带头守法等。

一、党要领导立法

在法制与法治的双重意义上，立法都是依法治国的首要环节。从法制的意义来看，立法是将某种意志包括代表人民的意志和体现人民意志的政党意志上升为法律的路径和方式。执法、司法、守法或者法律监督莫不是以法律制度的先决存在作为前提的。从法治的角度看，法治就是规则之治、制度之治，就是法的"统治"。法律要实现其"统治"就必须具有至高无上的地位，至高无上的法律从何而来就是一个首要的问题。立法所解决的正是这个首要问题。

领导立法是党体现其执政地位、实现其执政目标的首要措施。党的领导涉及社会生活的诸多方面，法制是其中一个重要方面，也是引导社会发展、促进社会进步的根本措施。中国共产党要实现对政治、经济、文化和社会的全方位的整体领导，就必须高度重视立法，使领导立法工作成为党特别重要的工作，通过立法来实现对全社会的政治领导。党对于立法的重视，不应是权宜之计，应该具有高度的理性自觉，并建立起相应的体制、机制和制度。只有党始终把握立法的主导权，将人民的意志集中起来上升为法律，进而确保相关法律切实实施，党的执政地位才能得到维护和巩固，其政治目标才能通过法治的方式得以实现。

对立法工作的领导，表现为领导宪法的制定与修改，领导立法法的完善及贯彻实施，确保宪法在整个法律体系中的主导地位。具体来说，党要为人民代表大会确定工作的指导思想，党员代表应该在立法机关中发挥主导作用，党要为立法机关适时提出重要的创制新法、修改或者废止既有法律制度的立法建议。

二、党要保证执法

执法在广义上是对法律的执行活动的总称，在狭义上是对政府执行法律活动的简称。由于执法机关是所有国家机关中涉及社会管理最广泛的机构，其执法的范围也最为普遍。党的政治诉求，已经通过立法体现在了法律制度之中，法律执行得越好，党的政治主张实现得就越好。因此，保证执法就成为党的主张能否成为现实的关键。

党首先可以通过其在政府机关任职的党员发挥作用来保证执法。在各级政府机关中，有着大量的党员，担负着不同的职务。这

领导干部要做尊法学法守法用法的模范　带动全党全国共同全面推进依法治国

（新华社记者　林汉志／编制）

些党员都应该模范遵守法律、严格依法办事，确保法律能够得到良好执行。通过党员发挥作用来保证执法，是最现实的法治路径。

党也可以通过在执法机关中的党组织来保证执法。现在我们的每一个政府机构或者部门都有党的组织，它们对于行政机关的执法活动具有直接而重大的影响。只要行政机关党组织的作用能够充分发挥，严格执法就具有可靠的组织保证。

三、党要支持司法

习近平总书记多次强调：各级党组织和领导干部要支持政法单位开展工作，支持司法机关依法独立公正行使职权。司法机关具有相对的独立性，为了保证司法机关依法独立行使职权，我们党作出了许多极为重要的努力。

领导干部干预司法活动、插手具体案件处理的记录、通报和责任追究规定

一是明确要求各级领导干部和全体党员支持司法机关依法独立行使司法权。将尊重司法权力、服从司法裁判，作为对领导干部和全体党员的政治要求和法律要求。2015 年 3 月，中共中央办公厅和国务院办公厅联合印发了《领导干部干预司法活动、插手具体案件处理的记录、通报和责任追究规定》，有力地支持了司法活动的独立开展。该规定要求各级领导干部都要带头遵守宪法法律，维护司法权威，支持司法机关依法独立公正行使司法权。任何领导干部都不得要求司法机关违反法定职责或者法定程序处理案件，都不得要求司法机关做有碍司法公正的事情。即使是对司法工作负有领导职责的机关，因履行职责需要，可以依照工作程序了解案件情

况，组织研究司法政策，统筹协调依法处理工作，督促司法机关依法履行职责，为司法机关创造公正司法的环境，但也不得对案件的证据采信、事实认定、司法裁判等作出具体决定。对于司法机关来讲，也不得执行任何领导干部违反法定职责或法定程序、有碍司法公正的要求。

二是严厉处罚领导干部干预司法活动的违法违规行为。《领导干部干预司法活动、插手具体案件处理的记录、通报和责任追究规定》对领导干部干预司法活动的行为设置了具体的处罚措施。对于领导干部干预司法活动、插手具体案件处理的情况，司法人员应当全面、如实记录，做到全程留痕，有据可查。以组织名义向司法机关发文发函对案件处理提出要求的，或者领导干部身边工作人员、亲属干预司法活动、插手具体案件处理的，司法人员均应当如实记录并留存相关材料。司法机关应当每季度对领导干部干预司法活动、插手具体案件处理情况进行汇总分析，报送同级党委政法委和上级司法机关。必要时，可以立即报告。党委政法委应当及时研究领导干部干预司法活动、插手具体案件处理的情况，报告同级党委，同时抄送纪检监察机关、党委组织部门。干预司法活动、插手具体案件处理的领导干部属于上级党委或者其他党组织管理的，应当向上级党委报告或者向其他党组织通报情况。领导干部在线索核查、立案、侦查、审查起诉、审判、执行等环节为案件当事人请托说情的；要求办案人员或办案单位负责人私下会见案件当事人或其辩护人、诉讼代理人、近亲属以及其他与案件有利害关系的人的；授意、纵容身边工作人员或者亲属为案件当事人请托说情的；为了地方利益或者部门利益，以听取汇报、开协调会、发文件等形式，超越职权对案件处理提出倾向性意见或者具体要求的；或者具有其他违法干预司法活动、妨碍司法公正行为的，造成后果或者恶劣影响的，依照《中国共产党纪律处分条例》《行政机关公务员处分条例》《检察人员纪律处分条例》《人民法院工作人员处分条例》《中国人民解放军纪律条令（试行）》等给予纪律处分；造成冤假错案或者其他严重后果，构成犯罪的，依法追究刑事责任。领导干部对司法人员进行打击报复的，依照《中国共产党纪律处分条例》《行政机关公务员处分条例》《检察人员纪律处分条例》《人民法院工作人员处分条例》《中国人民解放军纪律条令（试行）》等给予纪律处分；构成犯罪的，依法追究刑事责任。

三是明令禁止司法机关内部人员干预司法活动。2015年3月，中央政法委印发了《司法机关内部人员过问案件的记录和责任追究规定》（以下简称《规定》）。该规定旨在为贯彻落实《中共中央关于全面推进依法治国若干重大问题的决定》有关要求，防止司法机关内部人员干预办案，确保公正廉洁司法。《规定》指出，司法机关内部人员应当依法履行职责，严格遵守纪律，不得违反规定过问和干预其他人员正在办理的案件，不得违反规定为案件当事人转递涉案材料或者打探案情，不得以任何方式为案件当事人说情打招呼。作为司法机关办案人员应当恪守法律，公正司法，不徇私情。对于司法机关内部人员的干预、说情或者打探案情，应当予以拒绝；对于不依正当程序转递涉案材料或者提出其他要求的，应当告知其依照程序办理。司法机关领导干部和上级司法机关工作人员因履行领导、监督职责，需要对正在办理的案件提出指导性意见的，应当依照程序以书面形式提出，口头提出的，由办案人员记录在案。其他司法机关的工作人员因履行法定职责需要，向办案人员了解正在办理的案件有关情况的，应当依照法律程序或者工作程序进行。对司法机关内部人员过问案件的情况,办案人员应当全面、如实记录,做到全程留痕,有据可查。办案人员如实记录司法机关内部人员过问案件的情况,受法律和组织保护。司法机关内部人员不得对办案人员打击报复。办案人员非因法定事由,非经法定程序,不得被免职、调离、辞退或者给予降级、撤职、开除等处分。

四是坚决查处司法机关内部人员过问案件的违规违法行为。中央政法委印发的《司法机关内部人员过问案件的记录和责任追究规定》要求,对司法机关内部人员违反规定干预办案的,由本机关纪检监察部门调查处理;对本机关领导干部违反规定干预办案的,向负有干部管理权限的机关纪检监察部门报告情况;对上级司法人员违反规定干预下级司法机关办案的,向干预人员所在司法机关纪检监察部门报告情况;对其他没有隶属关系的司法机关人员违反规定干预办案的,向干预人员所在司法机关纪检监察部门通报情况。干预人员所在司法机关纪检监察部门接到报告或者通报后,应当及时调查处理,并将结果通报办案单位所属司法机关纪检监察部门。司法机关内部人员在线索核查、立案、侦查、审查起诉、审判、执行等环节为案件当事人请托说情的;邀请办案人员私下会见案件当事人或其辩护人、诉讼代理人、近亲属以及其他与案件有利害关系的人的;违反规定为案件当事人或其辩护人、诉讼代理人、亲属转递涉案材料的;违反规定为案件当事人或其辩护人、诉讼代理人、亲属打探案情、通风报信的;以及其他影响司法人员依法公正处理案件的,构成违纪的,依照《中国共产党纪律处分条例》《行政机关公务员处分条例》《人民法院工作人员处分条例》《检察人员纪律处分条例》《公安机关人民警察纪律条令》等规定给予纪律处分;构成犯罪的,依法追究刑事责任。司法机关内部人员对如实记录过问案件情况的办案人员进行打击报复的，依照《中国共产党纪律处分条例》《行政机关公务员处分条例》《人民法院工作人员处分条例》《检察人员纪律处分条例》《公安机关人民警察纪律条令》等给予纪律处分；构成犯罪的，依法追究刑事责任。办案人员不记录或者不如实记录司法机关内部人员过问案件情况的，予以警告、通报批评；两次以上不记录或者不如实记录的，依照《中国共产党纪律处分条例》《行政机关公务员处分条例》《人民法院工作人员处分条例》《检察人员纪律处分条例》《公安机关人民警察纪律条令》等给予纪律处分。主管领导授意不记录或者不如实记录的，依法依纪追究主管领导责任。司法机关内部人员违反规定过问和干预办案的情况和办案人员记录司法机关内部人员过问案件的情况，应当纳入党风廉政建设责任制和政绩考核体系，作为考核干部是否遵守法律、依法办事、廉洁自律的重要依据。

四、党要带头守法

党必须带头守法，这是由党的性质、宗旨、使命等决定的，对此必须有高度自觉的理性认识。

对于应否严格守法的问题，我们党在过去长期没有正确认识。党领导革命和建设不是为了自己，而是为了人民，这就决定了党必须尊重与遵从作为人民意志体现的法律。立法工作是在党的领导下开展的，在自己领导下制定的法律，没有任何理由不予遵守。

中国共产党本质上是无产阶级政党，是中国工人阶级的先锋队，同时是中国人民和中华民族的先锋队。这一先锋队性质也就决定了党必须是守法的先锋，对待法律的态度以及对于法律的遵守，应该成为工人阶级、中国人民和中华民族的典范。党的先进性在不同的时代有不同的体现。在社会主义现代化建设和改革开放新时代，党的先进性必然包括民主性和法治性，体现在倡导法治、力行法治之上。

从宗旨来看，我们党是全心全意为人民服务的政党。人民的利益反映为人民的意志，人民的意志通过法定的程序体现为法律，因此在和平时期全心全意为人民服务就必须把守法作为一个基本的前提。守法与党的宗旨是根本一致的。坚持人民利益至上，必须坚持宪法法律至上。我们党可以通过法定程序对宪法和法律的修改提出建议。但是，在宪法和法律没有修改之前，我们党必须坚守宪法和法律而不可违反，否则就是对人民的不尊重，就是对自己根本宗旨的违背。

党负有独特的历史使命。在终极的意义上，党所追求的是建立共产主义的社会制度；在现实的意义上，党所追求的是建设中国特色社会主义。依照宪法的规定，我们国家的根本任务是，沿着中国特色社会主义道路，集中力量进行社会主义现代化建设。我们要坚持人民民主专政，坚持社会主义道路，坚持改革开放，不断完善社会主义的各项制度，发展社会主义市场经济，发展社会主义民主，健全社会主义法治，贯彻新发展理念，自力更生，艰苦奋斗，逐步实现工业、农业、国防和科学技术的现代化，推动物质文明、政治文明、精神文明、社会文明、生态文明协调发展，把我国建设成为富强民主文明和谐美丽的社会主义现代化强国，实现中华民族伟大复兴。这些任务的完成没有党的领导是不可能的，没有党的带头守法也同样是不可能的。目标、任务、使命的实现，都要求我们党严格坚持在宪法和法律的范围内活动，自觉做守法的模范。

[延伸阅读]

中国共产党领导是中国特色社会主义
最本质的特征

十三届全国人大一次会议表决通过的宪法修正案第三十六条，将"中国共产党领导是中国特色社会主义最本质的特征"增写入宪法第一条第二款。"中国特色社会主义最本质的特征是中国共产党领导"，是习近平新时代中国特色社会主义思想的一个重要论断，深刻揭示了中国共产党领导与中国特色社会主义之间内在的统一性。把这一理论创新成果充实进宪法规定的国家根本制度之中，对于坚持和加强党的全面领导、科学表述和完善发展国家根本制度与国体、推进中国特色社会主义事业发展都具有重要而深远的意义。

党的领导地位，是历史的选择、人民的选择，确定党在国家中的领导地位是我国宪法的题中应有之义。现行宪法在序言中回顾总结了党领导人民进行革命、建设、改革的奋斗历程和根本成就，宣示"中国各族人民将继续在中国共产党领导下""坚持人民民主专政，坚持社会主义道路"，确立了党在国家中的领导地位。此次宪法修改，在序言确定党的领导地位的基础上，进一步在总纲中增写"中国共产党领导是中国特色社会主义最本质的特征"，把党的领导由宣示性、纲领性的序言式叙述，上升为具有法的规范性和约束力的宪法规范，使宪法"禁止任何组织或者个人破坏社会主义制度"的规定内在地包含"禁止破坏党的领导"的内涵，为坚持和加强党的全面领导提供了宪法依据，为惩处反对、攻击、破坏、颠覆党的领导的行为提供了宪法保障，有利于坚持党的领导、人民当家作主、依法治国有机统一，有利于在全体人民中强化党的领导意识，有效把党的领导落实到国家工作全过程和各方面，确保党和国家事业始终沿着正确方向前进。

"社会主义制度是中华人民共和国的根本制度。"现行宪法第一条开宗明义地规定了我国的国家性质和国体，即"工人阶级领导的、以工农联盟为基础的人民民主专政的社会主义国家"。此次宪法修改，从社会主义制度本质属性的角度更加科学、全面地规定了我国的国家根本制度和国体。一方面，最本质特征是一个事物区别于其他事物的根本属性。中国共产党是中国特色社会主义的开辟者、领导者和推动者，党的领导是当代中国最大的国情、最大特色和最本质特征，是中国特色社会主义制度的最大优势。另一方面，中国共产党是中国工人阶级的先锋队，同时是中国人民和中华民族的先锋队，是中国特色社会主义事业的领导核心。坚持社会主义道路、坚持人民民主专政、坚持中国共产党的领导、坚持马克思列宁主义毛泽东思想这四项基本原则，是我们的立国之本。因此，在宪法总纲中确立"中国共产党领导是中国特色社会主义最本质的特征"，是对党的领导与中国特色社会主义之间内在统一性的深刻认识，也是对国家根本制度和国体的科学表述。

中国特色社会主义是在党的领导下开创和发展起来的，也只有在党的领导下才能继续推进。如今，我们走进新时代、开启新征程，在中国特色社会主义道路上实现"两个一百年"奋斗目标，实现中华民族伟大复兴的中国梦，从根本上还是要依靠党的领导。宪法总纲关于党的领导是中国特色社会主义最本质特征的规定，为新时代坚持和加强党的全面领导、建设社会主义现代化强国提供了坚实的宪法基础和保障。

——《中国纪检监察报》2018 年 3 月 21 日

本章小结

在新时代社会主义法治建设中，必须加强党的领导，以新的努力开启新时代法治中国建设新征程。为此，我们必须深刻认识到党的领导是社会主义法治的根本要求，正确认识党与法的关系，依法处理党与国家权力之间的关系，明确在社会主义法治建设中坚持党的领导的必要性。依法执政是党治国理政的基本方式，要从历史结论、成功经验两个视角来认识这一重大理论和实践问题，并深刻理解依法执政是党执政的基本方式。坚定不移地贯彻依法执政，是党实现长期执政的客观要求、适应社会发展的现实需要、完成伟大使命的必然要求、推进法治建设的路径保证。在法治中国建设的实践中坚持党的领导，具体说来，就要坚持党领导立法、保证执法、支持司法、带头守法。

【思考题】

1. 如何认识党与法的关系？

2. 在法治中国建设中如何坚持党的领导？

▎阅读书目 ▎

1.《习近平谈治国理政》第一卷,外文出版社 2018 年版。

2.《习近平谈治国理政》第二卷,外文出版社 2017 年版。

3. 中共中央文献研究室编:《习近平关于全面依法治国论述摘编》,中央文献出版社 2015 年版。

4. 中共中央宣传部编:《习近平总书记系列重要讲话读本(2016 年版)》,学习出版社、人民出版社 2016 年版。

5. 中共中央文献研究室编:《十八大以来重要文献选编》上,中央文献出版社 2014 年版。

6. 中共中央文献研究室编:《十八大以来重要文献选编》中,中央文献出版社 2016 年版。

7. 中共中央党史和文献研究院编:《十八大以来重要文献选编》下,中央文献出版社 2018 年版。

8.《十八大报告辅导读本》,人民出版社 2012 年版。

9.《十八大报告学习辅导百问》,党建读物出版社、学习出版社 2012 年版。

10.《〈中共中央关于全面深化改革若干重大问题的决定〉辅导读本》，人民出版社 2013 年版。

11.《党的十八届三中全会〈决定〉学习辅导百问》，党建读物出版社、学习出版社 2013 年版。

12.《〈中共中央关于全面推进依法治国若干重大问题的决定〉辅导读本》，人民出版社 2014 年版。

13.《党的十八届四中全会〈决定〉学习辅导百问》，党建读物出版社、学习出版社 2014 年版。

14.《党的十九大报告辅导读本》，人民出版社 2017 年版。

15.《党的十九大报告学习辅导百问》，党建读物出版社、学习出版社 2017 年版。

16. 中华人民共和国国务院新闻办公室：《中国特色社会主义法律体系》白皮书，人民出版社 2011 年版。

| 后　记 |

　　党的十八大以来，以习近平同志为核心的党中央从推进国家治理体系和治理能力现代化、实现党和国家长治久安的高度，将全面依法治国纳入"四个全面"战略布局，对全面依法治国进行专题部署，制定了推进全面依法治国的顶层设计、路线图、施工图，开启了加快建设社会主义法治国家新征程。党的十九大进一步勾勒出建设社会主义法治国家的蓝图，成立中央全面依法治国委员会，健全党领导全面依法治国的制度和工作机制，开辟了建设社会主义法治国家的新境界。为帮助广大干部全面掌握和深刻理解党中央关于建设社会主义法治国家的新理念新思想新战略，中央组织部组织编写了本书。

　　本书由中央政法委员会牵头，全国人大常委会办公厅、最高人民法院、最高人民检察院、公安部、司法部、中国法学会和中国人民大学共同编写，全国干部培训教材编审指导委员会审定。陈一新任本书主编，景汉朝、张文显任副主编，宋锐、胡云腾、徐显明、黄明、熊选国、王利明任编委会成员。本书调研、写作和修改工作的主要人员有：胡建淼、黄永维、马怀德、冯玉军、张效羽、翟国强。参加本书审读的专家有：李林、卓泽渊、强世功。在编写出版过程中，中央组织部干部教育局负责组织协调工作，人民出版社、党建读物出版社等单位给予了大力支持。在此，谨对所有给予本书帮助支持的单位和同志表示衷心感谢。

由于水平有限，书中难免有疏漏和错误之处，敬请广大读者对本书提出宝贵意见。

编 者

2019 年 2 月

全国干部培训教材编审指导委员会

《建设社会主义法治国家》

主　编：陈一新

副主编：景汉朝　　张文显

责任编辑：张晓辉　朱瑞婷

封面设计：周方亚

版式设计：王欢欢

责任校对：刘　青

图书在版编目（CIP）数据

建设社会主义法治国家／全国干部培训教材编审指导委员会组织编写．
　　-- 北京：党建读物出版社：人民出版社，2019.2

全国干部学习培训教材

ISBN 978 - 7 - 5099 - 1127 - 3

I.①建…　　II.①全…　　III.①社会主义法制 - 建设 - 中国 - 干部培训 - 教材

　　IV.① D920.0

中国版本图书馆 CIP 数据核字（2019）第 020641 号

建设社会主义法治国家

JIANSHE SHEHUI ZHUYI FAZHI GUOJIA

全国干部培训教材编审指导委员会组织编写

主　编：陈一新

党建读物出版社　人民出版社　出版发行

山东德州新华印务有限责任公司印刷　新华书店经销

2019 年 2 月第 1 版　2019 年 2 月第 1 次印刷

开本：710 毫米 × 1000 毫米　1/16

印张：17.5　字数：196 千字

ISBN 978 - 7 - 5099 - 1127 - 3　定价：42.00 元

邮购地址 100706　北京市东城区隆福寺街 99 号

人民东方图书销售中心　电话（010）65250042　65289539

本书如有印装错误，可随时更换　电话：（010）58587361